KB037041

축구 경기를 전략적으로 지배하는 능력

축구 지능 2 - 축구 경기를 전략적으로 지배하는 능력

2016년 7월 25일 초판 1쇄 발행
2024년 10월 22일 초판 3쇄 발행

저자 댄 블랭크 **역자** 김용진 · 이용수 **발행자** 박흥주
발행처 도서출판 푸른솔 **편집부** 715-2493 **영업부** 704-2571 **팩스** 3273-4649
주소 서울시 마포구 삼개로 20 근신빌딩 별관 302
디자인 여백 커뮤니케이션
등록번호 제 1-825

값 14,000원
ISBN: 978-89-93596-66-3 (93690)

축구 경기를 전략적으로 지배하는 능력

댄 블랭크 지음
한국축구과학회 회장 **김용진** · 대한축구협회 기술위원장 **이용수** 옮김

푸른솔

차례

머리말

"내가 뭘 까먹었지? 내가 뭘 까먹었지?"

이 고통스런 말은 내가 '축구 지능 워드 문서'를 『축구 지능』 책으로 공식 전환해줄 작은 버튼을 누를까 말까 고심하면서 내 뇌리에서 되뇌었던 말이다. 나는 컴퓨터 마우스에 손을 올려놓고 검지로 왼쪽 버튼을 만지작거렸다. 컴퓨터 스크린을 10분, 그 다음엔 15분, 그 다음엔 20분 동안 응시했다. 이는 중요한(정말로 중차대한) 단계였고 나는 책이 잘못되지 않기를 원했다. 그건 나의 첫 저서였고 나는 그것이 크게 히트하길 원했다. 나는 그야말로 되돌아가지 못할 순간에 이르렀고 내가 결사적으로 원치 않는 한 가지는 그 순간을 넘기고 나서 하루 후에야 비로소 정말로 중요한 개념을 본문에서 빠트렸다는 점을 깨닫는 것이었다. '그건 땅을 치고 후회할 노릇 아닌가!'

그런데 그건 하루도 걸리지 않았다. 아니 하루가 다 뭔가? 『축구 지능』이 인쇄에 들어간 지 15분 후 나는 그때까지 떠오르지 않았던 멋진 주제가 있다는 것을 깨달았다. 나는 그것을 적어두었고 후속편의 첫 주제로 기약했다. 그 주제가 바로 '플랜 B'라는 것으로 몇 페이지 넘기면 곧 읽게 될 것이다.

그 후 한 주 한 주 흐르면서 나는 『축구 지능』에 포함시켰어야 할 또 다른 개념들을 생각해냈고 결국 『축구 지능 2』를 출간하기에 충분할 정도로 그러한 내용들이 차곡차곡 쌓였다. 그렇게 해서 이 책이 탄생했다.

여러분이 이 책을 읽고 있다면 아마 『축구 지능』도 읽었을 것이다. 그에 대해 감사드린다. 그 책을 아마존의 베스트셀러 축구 서적으로 만들어준 것에 감사를 표한다. 나는 뉴저지 머서 카운티에 있는 많은 훌륭한 고등학교 영어 선생님들이 이 소식을 듣고는 그 자리에서 까무러쳤으리라 확신한다.

나는 후속편을 내기에 정말로 마땅할 정도로 질 높은 내용을 정리할 때까지는 다시 책을 출간하지 않겠다고 스스로에게 약속했었다. 그건 형편없는 내용을 뚝딱 얼버무려 후속편이 제1편에 편승해 돈벌이가 되기를 바라겠다는 것이 아니었다. 내가 후속편을 출간하기로 한다면 깨끗한 양심을 걸고서만 그렇게 하겠다는 것이었다. 내가 자문해본 질문은 이랬다: 제1편이 출간되지 않았다면 이 책이 홀로 설 정도로 내용이 좋은가?

나는 그렇다고 믿는다.

나는 여러분이 이 책을 끝까지 읽을 때쯤 자신이 지불한 돈보다 '더 많은' 값어치를 얻었다는 기분이 들길 바란다.

내가 제1편의 머리말에서 한 다음과 같은 말은 여전히 사실이다: 이 책이 쓸모가 있으려면 작은 것들이 정말로 중요하며, 그런 작은 것들 중 단 한 가지 때문에 게임의 승패가 좌우된다는 사실을 독자 여러분이 믿어야 한다.

『축구 지능』의 후속편에 온 것을 환영한다.

1

팀 동료들의 강점과 약점을 파악하라

당신의 팀 동료들이 모두 이 책을 구입하였는가? 그렇다면 선수 전원이 모여서 이번 장을 함께 읽은 다음 그 내용이 우리 팀에 어떻게 적용될 수 있는지 짤막하게 논의해보기 바란다. 그렇게 하면 분명히 팀의 경기력에 즉각적이고 긍정적인 영향이 나타날 것이다. 이러한 논의에는 20분 이상이 소요되지 않을 것이다.

축구에서 패스는 '일률적인' 문제가 아니다. 팀은 개인들의 집합이다. 각각의 선수는 팀의 경기에서 서로 다른 강점과 약점을 드러낸다. 그러한 특성들은 단순하게 조화를 이루어 시합 중에 적용되어야 한다. 가능하다면 팀 동료들이 성공을 거두기에 가장 좋은 상황에 놓이도록 해야 한다. 아마 이미 아니면 적어도 원론적으로 여러분은 자신의 강점을 잘 살려서 플레이하고 있겠지만, 이제는 팀 동료들의 강점도 감안하는 플레이를 하려고 노력해야 한다.

여러분의 팀에 볼은 아주 잘 다루지만 달리기가 약한 제니퍼가 있다고 가정해보자. 정확히 표현해서 그는 조금 느린 편이다. 그렇다면 그에게 패스할 때에는 볼을 발에 가깝게 패스함으로써 그가 달리기 경주를 하지 않게 해야 한다. 그는 환상적인 볼 관리 능력을 가지고 있지만, 그것도 일단 볼이 발에 붙어 있을 때 가능한 것이다.

반면에 애슐리라는 선수는 날아다닌다. 우리는 이 선수가 경기 중에 달리기 경주를 하길 원한다. 그가 수비의 뒤 공간으로 볼을 보내길 원하면 그의 앞쪽으로 볼을 찔러줘서 그가 달려가도록 만들어주어야 한다.

한편, 애슐리는 번개같이 빠르기는 하지만 키가 상당히 작은 편이어서 최근 3년간 헤더를 따낸 적이 한 번도 없다. 그러므로 피치 못할 경우가 아니면 볼을 그의 머리로 보내지 않도록 해야 한다.

그러나 베키는 상대방 어느 수비수보다 5cm 정도 더 크고 헤더에 능숙한 선수이므로, 크로스 상황에서는 볼을 공중으로 띄워 그가 처리하도록 해야 한다. 하지만 그에게 땅볼 패스를 하려면 볼을 그의 오른발로 가도록 한다. 왜냐하면 그는 왼발 플레이가 형편없기 때문이다.

베키와 그의 왼발 얘기가 나왔으니 하는 말인데, 베키가 볼을 왼쪽 윙에서 크로스하려 할 경우에 우리는 볼이 아마도 반대편 골대에 도달하지 못할 것이라는 점을 안다. 그래서 우리는 최소한 1명을 가까운 골대(near post) 쪽으로 달려가도록 해야 한다. 거기가 바로 볼이 떨어질 곳이기 때문이다.

이제 오른쪽 수비수 칼리를 보자. 그는 1 대 1 상황에 아주 능숙한 수비수이기는 하나, 강한 다리를 가지고 있지는 않으므로 그에게 볼을 40~50m 정도 차라고 요구해봐야 소용이 없다. 사실 많은 경우에 그가 볼을 걷어내는 거리는 꽤 짧으므로, 그가 볼을 걷어낼 때에는 우리 공격수들이 우리 진영으로 더 깊숙이 내려와서 그를 도와줘야 한다.

지금쯤이면 여러분은 아마 내가 설명한 가상의 선수들을 자신의 팀 동료들과 매치시키기 시작하였을 것이다. 그렇다면 아주 좋다. 그것이 바로 당신이 해야 할 일이기 때문이다.

당신은 골을 넣기에 아주 좋은 위치에 있을 경우에 볼이 오른발로 패스되기를 선호하는가 왼발로 패스되기를 선호하는가? 어느 발이나 아주 잘 써서 어느 쪽이든 상관하지 않는다면 당신은 분명히 아주 적은 소수에 해당할 것이다. 하지만 당신이 한쪽 발을 다른 쪽보다 더 선호한다면 팀 동료들도 그럴 것이라는 것은 당연하지 않은가? 물론 그렇다.

이와 같은 것들은 똑똑한 선수들이 끊임없이 세심하게 고려하는 사항이다. 여러분은 나보다 팀 동료들을 상당히 더 잘 알고 있다. 그들과 오랫동안 함께 지내왔기 때문이다. 어느 선수가 가장 빠르거나 가장 느리며, 어느 선수가 헤더를 가장 잘하거나 못하는지 말해줄 수 있을 것이다. 누가 오른발잡이이고 누가 왼발잡이인지도 알고 있을 것이다. 이제 위와 같은 것들을 모두 알고 있으므로 팀 동료들에게 최선의 가능한 기회를 주어 성공을 거두게 하고, 나아가서는 팀에게 최선의 가능한 기회를 주어 승리를 얻도록 그와 같은 지식을 최선의 가능한 방식으로 적용해보지 않겠는가?

오래 전에 나는 한 여자 리그(W리그) 팀의 부감독이었다. 선수 명단에는 일부 뛰어난 미국 여자 대학 1부 리그 선수들이 간간히 보였으나, 초기의 훈련 시간에 몇 번 참석하지 못한 선수도 있었다. 우리가 첫 경기에 들어가는 순간까지도 선수들 중 일부는 서로 처음 만나는 상황이 되었다.

경기장으로 가는 도중에 나는 공격수들 중 2명이 처음으로 서로 자신을 소개하는 말을 우연히 들었다. 대화는 다음과 같았다.

"안녕 젠, 난 니키야."

"만나서 반가워."

"넌 어디로 볼 받는 게 좋니? 발로 붙여줄까, 공간으로 패스할까?"

"발로 붙여줘."

"오케이, 난 빠르니까 공간으로 패스해줘."

이 대화는 전부 10초밖에 걸리지 않았지만 그 와중에 매우 중요한 뭔가가 이루어졌다. 즉 각각의 선수가 가장 성공적일 수 있도록 어떤 유형의 패스가 필요한지 확인된 것이다. 일부 선수들의 경우에는 그러한 것을 파악하는 데 시즌의 절반이 걸리지만, 이들 두 선수는 만난 지 10초 만에 해결한 것이다. 이렇게 하는 것이 한층 더 타당하지 않은가?

똑똑한 선수는 팀 동료들의 강점과 약점을 잘 파악하고 필요한 조정을 가함으로써 그들에게 최선의 가능한 기회를 제공하여 성공을 거두도록 한다.

코치들을 위한 한마디

이번 장의 첫 단락에서 내가 제안한 말을 기억하는가? 맞다. 농담이 아니다. 당신의 팀을 한 곳에 모아놓고 팀 동료들의 강점과 약점을 파악하고 그들이 그러한 특성들에 어떻게 적응할 수 있는지를 알게 하라. 선수들이 강점을 극대화하고 약점에 적응할 때 성공 가능성은 훨씬 더 높아진다.

*역자 주

헤딩과 헤더

축구에서 '머리로 하는 플레이'를 '헤더'(header)라고 한다. 그런데 '머리로 플레이하다'는 동사 'to head'이다. 따라서 이 동사에 대한 동명사형은 'heading'이 된다. 명사 '헤더'와 동명사 '헤딩'은 서로 바꿔 쓸 수도 있지만 실제 영어 표현에서는 '헤더'가 주로 쓰인다. 비유적으로 말하자면 'education'이라는 명사가 확립되어 있는 경우에는 굳이 'educating'이라는 동명사를 쓰지 않는 것이다. 축구 경기 중계방송에서나 신문기사에서 이전에는 '헤딩'이라는 용어를 주로 사용했으나 최근에는 '헤더'라는 용어를 점점 더 많이 사용하는 추세이다. 이에 이 책에서는 원칙적으로 '헤더'라는 용어를 사용하기로 한다.

2

플랜 B

나의 대학 시절을 돌이켜보면, 나는 포켓볼을 꽤나 괜찮게 쳤고 포켓볼 토너먼트에서 2번 우승할 정도로 실력이 좋았다. 포켓볼을 치는 사람들은 대부분 동일한 방식으로 실력이 향상된다. 즉 처음에는 표적구가 포켓으로 굴러들어가도록 큐볼(큐로 치는 볼)을 치는 방법을 파악한다. 일단 이러한 방법에 능숙해지면, 표적구가 포켓으로 굴러들어가는 것은 물론이고 큐볼이 다음 샷에 유리한 위치로 가도록 치는 방법을 파악하는 단계로 발전한다. 적어도 나는 이와 같은 단계를 거쳤다. 그러나 나의 실력 향상에서 진정한 터닝 포인트는 준비가 다 되어 볼을 치기 직전에 한 발 물러나서 다시 샷을 점검하는 침착성을 배우는 것이었다.

포켓볼은 멘탈 면이 강한 게임이다. 어떨 때는 큐대를 뒤로 빼고 사방이 아주 조용해진 것 같으면 집중력이 현저히 향상되고 마치 완전한 진공 상태에 있는 기분이 든다. 이때가 바로 샷을 할 시점이다. 그러나 어떨 때는 큐대를 뒤로 당기면서 난데없이 머릿속에서 온갖 터무니없는 말들이 시끄럽게 들리기 시작하고 큐대를 앞으로 밀기 바로 직전에 자신이 실패하리란 점을 분명히 알게 된다. 샷이 성공할 가능성이 전혀 없다는 점을 알게 되는 것이다. 그럴 때 우리는 보통 어떻게 하는가? 대부분의 사람들은 어쨌든 그대로 샷을 한다. 그러고는 실패한다.

포켓볼을 치면서 내가 내 자신에게 가장 잘한 일은 그러한 목소리가 샷을 망치려 한다고 인식하면 당구대에서 한 발 물러서는 침착성을 기르는 것이었다. 그럴 때는 심호흡을 하고, 마음을 가라앉히고, 집중력을 다시 가다듬곤 했다. 그러면 샷을 성공시킬 가능성이 현저히 향상됐다. 사실 그건 말처럼 그리 쉽지 않은 것이다.

이와 같은 사례가 축구와 무슨 상관이 있는가? 좋은 질문이다. 다음 내용은 중요하니 주의를 기울여주기 바란다.

나는 아주 좋은 선수들을 여러 명 지도하면서 그들을 살펴볼 기회가 있었다. 이번 장은 내가 배운 가장 중요한 사실들의 하나에 대한 것이다. 두 선수 사이의 기술 능력과 운동 능력의 차이가 다소 무시해도 될 정도라면, 임기응변으로 계획을 변경할 줄 아는 침착성이 있는가에 따라 두 선수의 실제 실력 차가 결정된다. 설명해보자.

당신이 이제 막 볼을 받으려는 참이고 다음 패스를 어디로 보낼지 이미 다 파악한 상황이다. 게다가 이 패스는 정말 환상적인 패스가 될 것이다. 이 패스가 성공하면 동료 선수가 수비 뒤 공간으로 순간적으로 침투하여 멋진 득점을 올릴 기회를 가질 수 있다. 이제 당신이 해야 할 일은 볼을 터치하여 패스를 준비하는 것뿐이며, 그런 다음 감탄스러운 킬러 패스(killer pass)를 하게 될 것이다. 그런데 불행히도 첫 볼 터치가 간발의 차이로 어긋나서 타이밍을 놓치는 바람에 계획했던 패스가 지나갈 공간을 상대 수비가 가로막게 되어버렸다. 이런 경우에 당신은 어떻게 하는가?

내가 관찰한 바에 따르면 선수들은 더 이상 패스 공간이 존재하지 않음에도 불구하고 기어이 그 공간으로 패스를 우겨 넣으려고 한다. 새로운 상황을 현실로 받아들이지 않고 조금 전 꾸었던 꿈에 매달려 마음속으로는 실패하리라는 것을 알면서도 패스를 한다. 그 결과는 항상 동일하다. 즉 상대 팀에게 볼을 빼앗기는 것이다.

그 킬러 패스가 여전히 유효하기를 아무리 간절히 원한다고 해도 간절함과 현실은 별개의 것이다. 원래의 구상이 아무리 훌륭한 것이었다고 하더라도 그 계획이 더 이상 가능하지 않다는 현실을 재빨리 수용한 다음 다른 대안들을 모색하기 시작해야 하는 것이다.

훌륭한 선수와 평범한 선수를 구분하는 요인 중 하나는 0.5초 전까지만 해도 환상적이었던 기회가 더 이상 현실성이 없을 때 그것을 받아들이고 잃어버린 기회에 연연하지 않는 침착성이다. 플랜 A가 무산되면 손실을 줄이고 임기응변으로 플랜 B를 마련해야 하는 것이다.

찰스 다윈의 진화론에서 핵심은 생물 종이 변화하는 환경에 적응하는 능력이다. 적응하지 못하는 종들은 소멸하며, 적응하는 종들은 생존하여 번성한다. 축구의 경우도 다르지 않다. 최고의 선수들은 급속히 변화하는 환경에 적응할 수 있는 사람들이다.

앞에서 든 예는 패스의 기회에 관한 것이었으나, 이는 슈팅 기회에서도 마찬가지로 흔하다. 페널티 박스 안에 위치해 있을 때 저 볼이 내 쪽으로 오면 논스톱 슈팅을 날려 가볍게 골을 넣으리라고 생각하는 경우가 생긴다. 그런데 볼이 반걸음 뒤로 도달하거나 바로 앞에서 통통 튀어 오게 되면 볼을 컨트롤하기 위해 어쩔 수

없이 예비 터치를 하게 된다. 이런 상황이 되면 누구든 조금 전의 황금 같은 기회는 더 이상 존재하지 않는다는 것을 알며, 당사자인 당신도 마찬가지이다. 그러나 대다수의 선수들은 순간적으로 합리적인 생각을 멈추고 무조건 슈팅을 하는데, 그렇게 되면 볼은 목표 지점을 무참히 벗어나거나 공간을 좁힌 수비수에 의해 차단당한다.

상대편의 페널티 에어리어에서 볼을 소유하고 있다는 것은 약속의 땅에 아주 근접한 것이다. 여러분이 절대로 하지 말아야 할 일은 순간적인 돌출 행동으로 소유하고 있는 볼을 잘못 맞춰서 골라인 밖으로 차냄으로써 상대편을 궁지에서 벗어나게 하는 것이다. 또한 달려드는 수비진의 대열에 의해 차단될 것이 뻔히 예상되는 슈팅을 날려서도 안 된다. 아무리 주인공으로서 관중의 환호를 간절히 원한다고 해도 여전히 현실을 받아들이는 침착성을 가져야 한다. 슈팅한 볼이 골인이 되거나 골문에 도달하지 못할 것이 분명하다면 현실을 무시함으로써 모처럼 자기 팀이 얻은 위치상 유리한 조건을 포기해서는 안 된다. 더 좋은 위치에 있는 팀 동료를 찾아 그에게 볼을 보내는 것이 마땅하다. 만약 자신에게 득점의 합당한 기회 또는 합당한 절반의 기회라도 있다고 판단되면, 슈팅을 해도 무방하다. 다만 그 차이를 구별할 줄 아는 침착성을 가지고 그에 따라 행동해야 한다.

축구 경기장은 유동적인 환경이다. 경기의 흐름은 항상 변화하고 신속히 변화하며, 그 흐름의 순간들은 끊임없이 유동하는 상태에 있다. 좋은 구상이 틀어졌을 때 그것을 인식하는 침착성과 '조정하고 플랜 B를 모색하려는 의지'는 아주 괜찮은 선수를 정말로 훌륭한 선수로 만드는 징검다리이다. 훌륭한 축구 선수들은 발로 볼을 차는 순간까지 자신의 결정을 평가하며, 플랜 A가 아무리 대단하였을지라도 그 계획이 더 이상 현실적이지 않으면 그것을 폐기할 준비가 완벽히 되어 있다.

코치들을 위한 한마디

침착성은 축구에서 중요한 무형 재산의 하나이다. 침착성이 결여된 선수들은 볼 소유권을 상대편에게 헌납하느라고 많은 시간을 허비하게 된다. 훈련 중에 침착성을 강조하라. 미니 게임과 '31'(『축구 지능』의 제8장에서 설명) 같은 볼 소유 연습은 간간히 플랜 B로 전환할 필요성을 익혀주는 데 아주 좋은 훈련이다.

3

매직 넘버

모든 팀 스포츠에는 정확히 한 가지의 공통점이 있다. 스포츠가 실내나 실외에서, 잔디나 나무 바닥이나 클레이 코트에서, 지상이나 수중에서 이루어지든지 상관없이, 그리고 볼이나 퍽(puck)이나 셔틀콕으로 경기를 하든지 상관없이, 양 팀은 동일한 수의 선수들로 시작한다. 같은 수의 팀이라는 개념은 적어도 수치상으로 경쟁의 세계에서 공정성의 중심적인 토대가 된다. 그건 처음부터 그런 식이었고 영원히 그런 식일 것이다. 경기가 시작될 때 양 팀은 같은 수로 시작하는 것이다.

『축구 지능』에서 나는 플레이의 속도가 축구에서 가장 중요한 요인이라고 말하였으며, 여전히 그러한 견해를 지지한다. 플레이의 속도는 그로 인해 여러 가지 상황이, 예를 들어 볼 소유나 상대편의 피로도가, 결정되기 때문에 중요한 것이다. 그러나 빠른 속도가 가져올 수 있는 진짜 보상은 수적 우위이다. 그래서 닭이 먼저냐 달걀이 먼저냐 라는 식으로, 플레이 속도와 더불어 숫자 '또한' 축구에서 가장 중요한 요인이라고 말하고자 한다. 그리고 그 중에서도 가장 중요한 숫자는 2 대 1이다. 이것이 매직 넘버이다.

축구 숫자에 관한 당연한 말로 시작해보자: 낮은 숫자는 공격 팀에게 유리하고 높은 숫자는 수비 팀에게 유리하다. 볼을 소유한 팀에게 1 대 1은 2 대 2보다 더 좋고, 2 대 2는 3 대 3, 6 대 6, 또는 10 대 10보다 더 좋다. 반면 볼을 소유하지 않은 팀은 2 대 2보다 6 대 6으로 플레이하는 편이 더 낫다. 일단의 선수들이 수비에 가담하기 때문에 한 팀이 2 대 2로 공격할 기회가 생기게 되면 그 팀은 그 공격이 계속 최대의 속도로 진행되도록 최선을 다해야 한다. 상대 팀이 전력 질주하여 복귀하게 되면 2 대 2는 급속히 7 대 7로 전환될 수 있고 또 대개 그렇게 된다. 자, 여기까지 내 말을 이해하겠는가?

다음으로 고려할 사항은 팀 스포츠에서 수적 우위보다 더 큰 우위는 없다는 점이다. 당신이 어린 시절 운동장에서 팀을 선정했던 방식을 회상해보자. 경기 시작부터 끝까지 같은 수의 선수를 유지하는 것이 중요하지 않았는가? 그런데 한 명이 남아서 외짝인 경우에는 어떻게 했는가? 이럴 때에는 어떤 수를 써서라도 어느 팀도 수적 우위를 누리지 못하도록 하였을 것이다. 외짝인 아이를 다른 누군가가 나타날 때까지 기다리게 하거나, 경우에 따라서는 투수나 쿼터백을 고정시켜 양 팀에 공통으로 배정하기도 했을 것이다. 어쨌든 당신은 동일한 수의 선수를 유지하는 방법을 찾았을 것이다.

한 명의 추가 선수는 팀 스포츠에서 크나큰 차이를 만든다. 이 때문에 NFL(미국 프로미식축구리그)에서는 라인업 상황에서 선수 수(11명)가 초과되면 페널티를 주고, 농구에서 2 대 1 속공이 이루어지면 관중이 일제히 일어나서 환호하며, 축구에서 자기 팀 동료가 레드카드를 받으면 얼굴을 찡그리지만 상대편이 레드카드를 받아서 퇴장하면 은근히 미소를 짓는 것이다. 한 명의 수적 우위는 경기의 흐름을 바꾸는 요인이 될 수 있다.

아이스하키의 예를 하나 더 들어보자. 나는 NHL(북미 프로아이스하키리그) 열성 팬이며 아이스하키와 축구 간의 유사성에 매료된다. 내게는 아이스하키가 6 대 6 축구와 아주 흡사해 보인다. 차이점이라면 아이스하키는 얼음 위에서 스틱을 가진 선수들에 의해 이루어지고 선수들이 간혹 서로 흠씬 두들겨 패기도 한다는 것 정도이다.

아이스하키에서 내가 아주 좋아하는 것 중 하나는 파워 플레이(power play, 페널티로 인해 링크에서 뛰는 선수들이 한 팀이 다른 팀보다 많은 상태 또는 그러한 상태에서 이루어지는 집중 공격)로 알려진 벌칙 체계이다. 한 팀의 선수가 파울을 범하는 경우에 그 선수는 페널티 박스에서 2분간 머무르고 그의 팀은 한 명이 적은 상태에서 플레이한다. 이것이 왜 중요한가? 한 팀이 한 명의 선수가 더 많은 상태에서 플레이하게 되기 때문이다. 그러면 이것은 또 왜 중요한가? NHL에서 발생하는 전체 득점의 1/4 가량이 파워 플레이 상황에서 나오기 때문이다. 축구와 유사한 스포츠에서 이러한 통계자료는 추가 선수의 가치를 입증한다.

희망컨대 당신이 수적 우위의 가치에 대해 확신을 얻었기를 바란다. 이제 시합 중에 그와 같은 우위를 가능한 한 많이 만드는 방법을 파악하는 것은 당신 몫이다.

어느 축구팀이든 큰 도전의 하나는 수적 우위가 없을 때 그걸 만들어내는 것이다. 이를 잘하는 팀은 많은 경기에서 승리할 것이다. 그리고 당신이 추구해야 하는 매직 넘버는 2 대 1이다.

축구에서 2 대 1보다 더 중요한 숫자 조합은 없다. 왜 그런가? 2 대 1은 신속히 1 대 0 상황으로 전환될 수 있기 때문이다. 2 대 1 상황은 경기장의 어디서든 만들 수 있다. 그러나 그러한 상황을 발견하는 것은 머리를 써야 하는 게임과 다소 비슷하기 때문에 당신은 더 큰 상황 내에 숨겨진 작은 상황을 발견해야 한다. 영리한 축구 선수들은 복잡하게 구성된 전체 상황을 평가한 다음 그 상황을 구성하는 더 작은 단위의 부분 상황을 추출해낼 줄 안다.

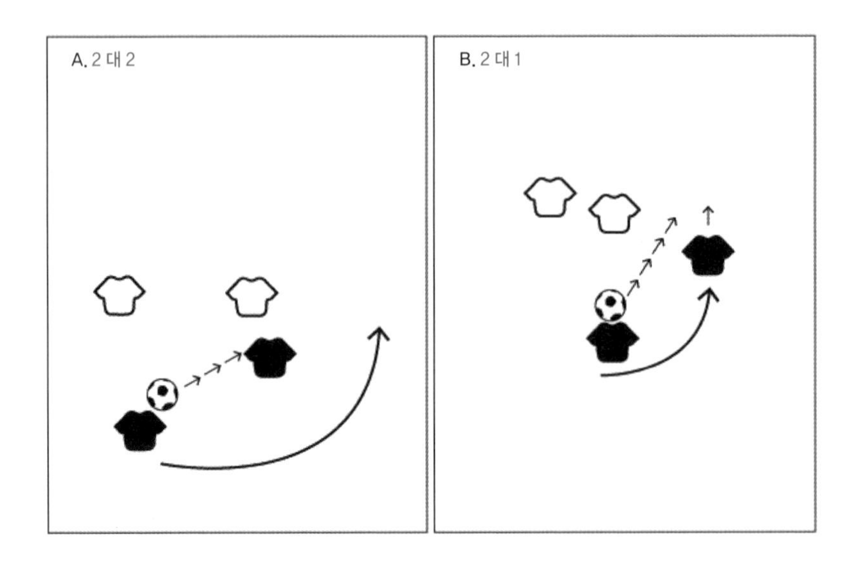

책을 통해서 2 대 1 상황을 창조할 수 있는 기회를 포착하도록 가르칠 수 있는지는 모르겠으나, 앞의 그림을 보면 오버래핑이 어떻게 2 대 2 상황을 2 대 1 상황으로 발전시킬 수 있는지를 알 수 있다. 그림에 표시된 대로 오버래핑을 성공적으로 수행하면 두 수비수를 따돌려 다시 2 대 1이 1 대 0 상황으로 변하게 된다. 적어도 순간적으로나마 이런 변화를 창출해낼 수 있다.

더 복합적인 수적 상황에서 2 대 1 상황을 끌어내는 방법은 이 외에도 많다. 영리한 축구 선수가 되려면 이러한 기회를 모색하고 인지하며 활용할 줄 알아야 한다. 이런 기회가 시합을 이기게 해주는 순간이다.

코치들을 위한 한마디

위와 같은 개념은 2 대 2, 3 대 3 및 4 대 4처럼 미니 게임을 통해 선수들에게 소개하면 좋다. 이 훈련의 목표는 상대편의 엔드라인에 볼을 정지시키는 것이다. 어느 팀에도 속하지 않는 중립 선수 1명을 추가하면 위와 같은 상황들을 만들기가 더 쉽다. 그러나 선수들 자신이 플레이를 전개하면서 동일한 수적 상황을 수적 우위의 상황으로 전환하는 방법을 찾아내는 것이 궁극적인 목표이다.

4

낚시 바늘 전술

2 대 1 상황을 활용하는 가장 효과적인 방법의 하나는 낚시 바늘 전술(fishhook run)이며, 이는 '측면 이동 후 침투 전술(square and through run)' 또는 'J 전술(J run)'로도 알려져 있다.

다음 그림을 보면 터치라인 근처에서 2 대 1 상황이 전개되고 있다.

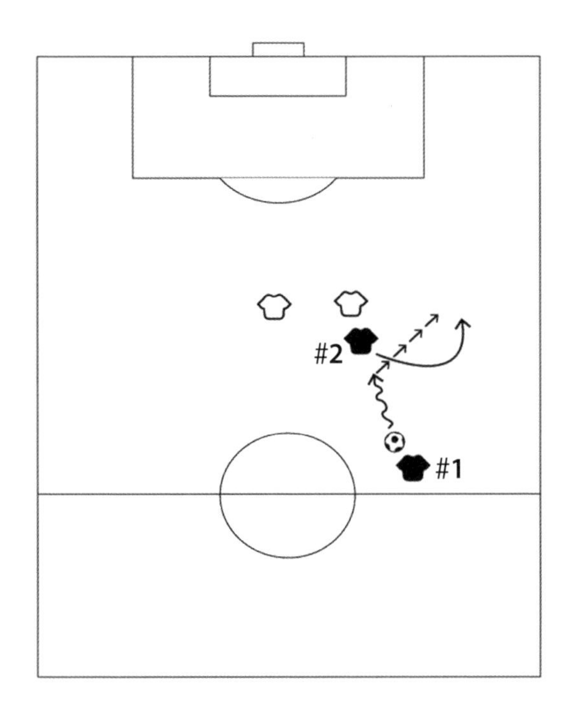

이러한 상황에서 수비수는 볼 소유자(#1)와 맞서기 위해 안쪽으로 처진 상태로 머무를 수밖에 없을 것이다. 이제 공격수 2(#2)는 3가지 일을 해야 한다.

첫째, 공격수 1이 수비수를 따돌리는 침투 패스를 할 수 있도록 넓은 패스 공간을 만든다.

둘째, 오프사이드 라인 밖에 머무른다.

셋째, 전속력으로 오프사이드 라인을 돌파한다.

그러면 어떻게 하면 될까? 간단하다. 낚시 바늘 전술을 사용하면 된다.

앞의 공격수(#2)가 자신을 마크하고 있는 상대편이 볼에 맞설 준비를 하고 있다는 것을 알게 되면 즉시 터치라인 쪽으로 급히 달려간다. 수비수는 볼에 맞서기 위해 안쪽에 머물러야 하므로, 이러한 달리기로 그 수비수와 터치라인 사이에 패스할 공간이 열린다. 공격수는 충분한 패스 공간이 확보될 정도로 공간을 넓히는 데 집중해 수비수가 발을 내밀어 패스를 굴절시킬 수 없도록 해야 한다.

여기서 선수들이 범하는 가장 흔한 실수는 달리기를 너무 빨리 멈추는 것이다. 그러면 볼 소유자가 침투 패스를 할 정도로 넓은 패스 공간이 열리지 않는다. 그렇게 되면 볼 소유자는 차단되는 패스를 하거나, 아니면 수비수를 따돌리기에는 너무 횡으로 이루어지는 패스를 한다. 어느 경우든 2 대 1 상황을 활용할 수 있는 기회는 날아간다. 여러분이 낚시 바늘 전술을 사용하게 되면 볼을 받는 데 급급하지 말고 수비수를 따돌리는 것을 염두에 두고 볼을 받도록 해야 한다.

앞에 있는 공격수는 측면으로 쏜살같이 달려가되, 자기 진영 쪽으로 약간 기울어지게 휘어 달려야 한다. 이렇게 휘어 달리면 수비수가 앞으로 달려들 경우에도 공격수는 오프사이드 라인 밖에 있게 된다. 또한 이렇게 달리면 잠시 후 앞으로 방향을 전환해 오프사이드 라인에 도달할 때 한두 걸음의 전방 가속도를 붙일 기회도 생긴다.

아울러 이렇게 휘어 달릴 때에는 전력으로 질주하면서 볼이 어떤 상황으로 전개되고 있는지 살펴보기 위해 어깨 너머로 뒤를 주시해야 한다.

앞의 공격수(#2)가 이 모든 것을 올바르게 하면, 볼 소유자(#1)는 편안한 패스 공간이 생겨 꼼짝 못하는 수비수 너머로 볼을 찔러주고 결국 수비수를 따돌리게 된다. 2 대 1 상황을 성공적으로 활용한 것이다.

코치들을 위한 한마디

당신의 팀이 2 대 1 상황을 인식하고 활용할 수 없으면 경기에서 승리하는 데 애를 먹을 것이다. 낚시 바늘 전술을 훈련시키는 간단한 연습이 많이 있다. 아래 그림은 낚시 바늘 전술을 크로스 연습으로 연결시키는 방법을 보여준다. 수동적이고 고정적인 수비수를 사용하여 볼에 맞서도록 하고 다른 수비수들을 추가하여 크로스를 막아내도록 한다.

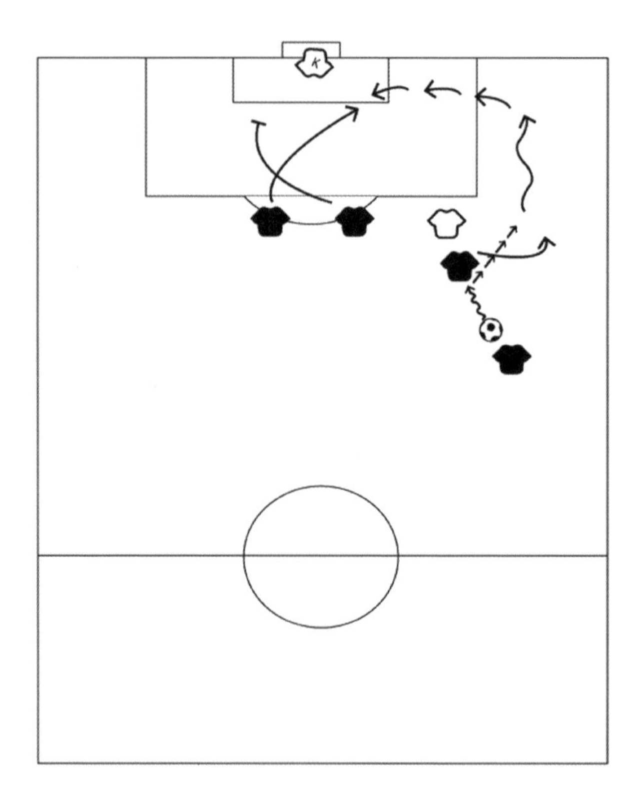

5

펜스 뒤에서 플레이하라

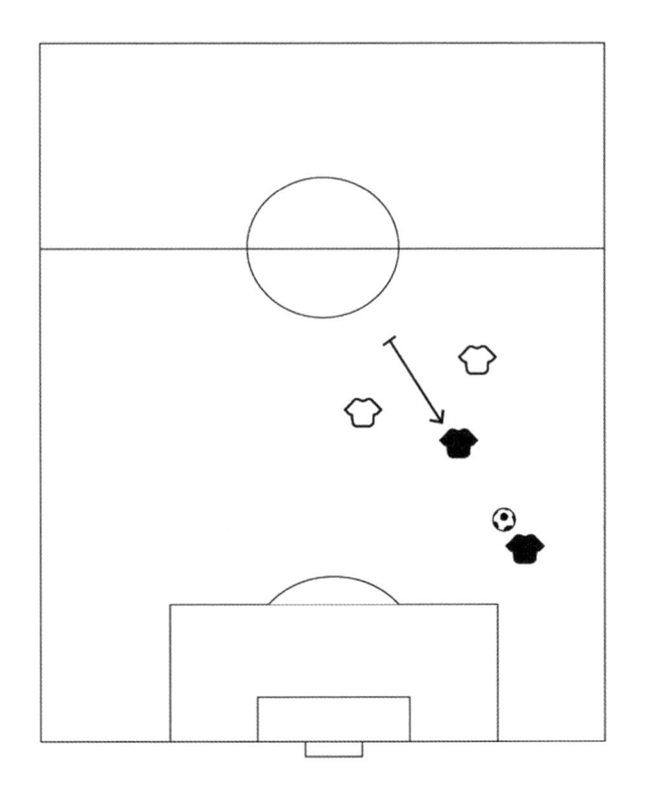

앞의 그림에서 가운데에 있는 선수를 살펴보자. 이 공격수는 볼을 가진 팀 동료를 지원하기 위해 상대편 수비 선수 2명 사이로 빠져나와 그들의 앞쪽으로 이동하였다. 여기서 문제는 이 공격수가 자기 편으로부터 패스를 받을 때 2명의 상대 수비 앞쪽에 위치하게 된다는 것인데, 그렇게 되면 플레이가 전개되는 모든 상황이 노출되므로 수비수의 압박에 무너지기가 쉽다. 이러한 상황에서 몸을 돌리기는 거의 불가능할 것이며, 조금 전에 볼을 건네준 팀 동료에게 다시 패스하는 외에 다른 플레이를 펼치기는 아주 어려울 것이다. 그런데 이것보다 나은 해결책이 있고 그건 정말로 간단하다.

2명의 상대편 선수 사이로 펜스가 놓여 있다고 상상해보자. 당신이 수비수 전방에서 볼을 받을 경우에는 그 펜스 안에 갇히게 되지만, 수비수 뒤에 위치함으로써 그들의 시선을 따돌린다면 펜스 바깥에서 볼을 받게 되는 셈이다. 그렇게 되면 수비수의 압박을 차단하기가 아주 쉬워진다. 또한 몸을 돌리기에 한층 더 나은 위치에 있게 되고 일단 그러면 훨씬 더 많은 플레이의 대안이 생기게 된다.

축구에는 숨바꼭질이란 요소가 어느 정도 스며들어 있다. 당신을 찾는 것은 수비수가 할 일이다. 그들의 앞쪽으로 뛰어나가 “모두 주목! 나 여기 있어!”라고 말하는 것은 당신이 할 일이 아니다.

당신은 그것보다는 조금 더 교활해질 필요가 있다. 펜스 뒤에서 볼을 받을 수 있으면 당신은 한층 더 편안해질 것이다.

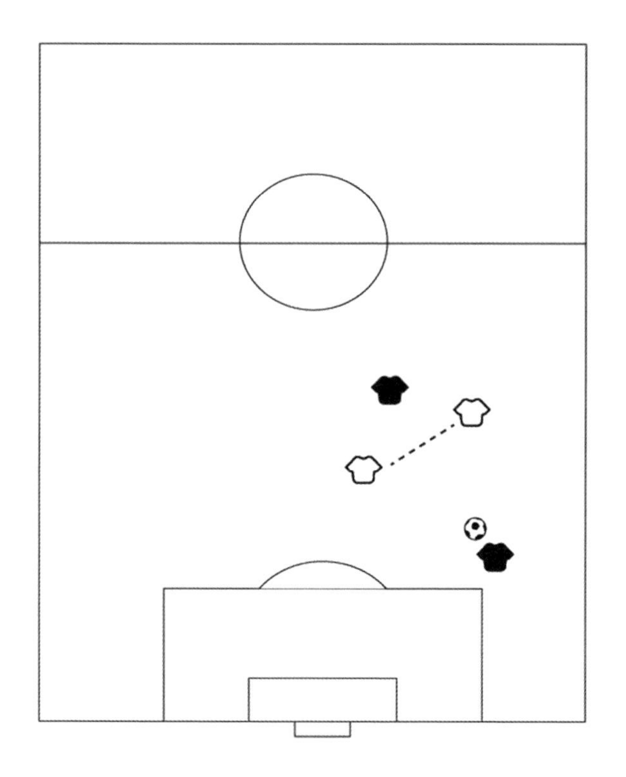

앞의 그림에서 수비축을 의미하는 펜스를 점선으로 표시하였다. 패스를 받는 선수가 펜스 뒤에 머물러 있으면서 볼을 받게 되면 방향 전환이 훨씬 더 쉬워진다.

코치들을 위한 한마디

이것은 모든 선수가 이해해야 하는 원칙이지만, 중앙 미드필더들에게 특히 중요하다. 이 선수들은 수비수와 공격수 그리고 왼쪽 측면 선수와 오른쪽 측면 선수를 연결하는 임무를 수행한다. 이 선수들의 움직임에 따라 상대편의 압박을 벗어날 수도 있고 압박에 무너질 수도 있다. 이들은 볼의 방향을 전환시키기에 가능한 한 가장 좋은 위치를 선점해야 한다.

6

층을 건너뛰라

이번 장의 내용을 이해하려면 팀이 층(layer)들로 이루어져 있다고 생각할 필요가 있다. 골키퍼도 하나의 층이고, 최종 수비수, 수비형 미드필더, 공격형 미드필더, 그리고 공격수도 각각 하나의 층이다. 이들은 수직 층이다. 수평 층은 오른쪽 측면 선수, 오른쪽 중앙 선수, 왼쪽 중앙 선수, 그리고 왼쪽 측면 선수로 구성된다.

나는 항상 볼 소유 중심의 간접 축구를 열렬히 지지해왔다. 나의 훈련에서는 항상 볼 소유 연습의 비중이 높은데, 내가 『축구 지능』에서 언급하였듯이 볼 소유 중심의 플레이에는 위험이 있을 수 있다. 왜냐하면 선수들이 모든 상황을 짧은 패스로 헤쳐 나가도록 조건화될 것이고 그들의 시야는 기껏해야 15~20m 정도에 그치게 되기 때문이다. 짧은 패스가 항상 최선의 대안은 아니며, 넓은 시야를 이용하는 빅 플레이를 해야 하는 타이밍을 모른다면 정말로 급속하게 곤경에 빠질 수 있다.

축구공은 자석이다. 선수들은 볼 쪽으로 이끌리고 이 때문에 볼 주위로 무리가 형성되는 데는 시간이 그리 오래 걸리지 않는다. 영리한 선수는 선수들이 자신의 주위로 몰려드는 것을 재빨리 알아채고, 짧은 패스를 하게 되면 그것이 비록 자신의 의도대로 팀 동료에게 도달되는 정확한 패스라고 하더라도 상대 팀에게 빼앗길 확률이 높다는 것을 알아챈다. 이렇게 상황이 너무 빡빡해졌을 경우에 영리한 선수는 선수의 층을 건너뛰는 법을 안다.

간단한 예를 들어보자. 팀은 수비수들 사이에서 볼을 돌릴 수 있는데, 포백 수비의 경우에 오른쪽 수비수가 오른쪽 중앙 수비수에게 건네주면, 이 수비수가 왼쪽 중앙 수비수에게 건네주고, 다시 이 수비수가 왼쪽 수비수에게 건네주게 된다. 그러나 다음 그림에서 보듯이 오른쪽 수비수가 직접 왼쪽 중앙 수비수에게 볼을 보내면 그는 오른쪽 중앙 수비수를 건너뛰는 것이다. 결과적으로 한 층을 건너뛴 셈이다. 그런 다음 왼쪽 중앙 수비수가 직접 공격수에게 패스를 한다면 다시 그는 미드필더라는 층을 건너뛰게 되는 것이다.

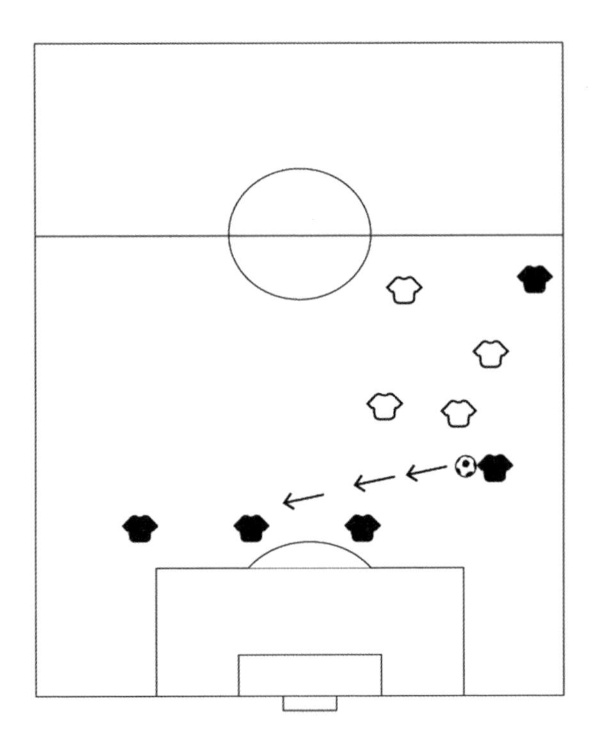

팀이 아무리 많은 볼 소유 연습을 할지라도, 선수의 시야는 15m 이상이 되어야 하고 선수들이 좁은 공간으로 몰려드는 상황을 적시에 인지해야 한다. 볼 주위로 상대편 선수가 많이 몰려드는 상황에서는 긴 패스를 할 준비를 해야 한다.

코치들을 위한 한마디

항상 좁은 지역에서만 훈련을 하게 되면 선수들은 거의 전적으로 짧은 패스만을 추구하는 습관이 형성되기 쉽다. 볼 소유 연습을 할 때 경기장을 넓게 활용하는 훈련을 병행하여 선수들이 시야를 확장시킬 수 있도록 해야 한다. 선수들은 30~40m 정도의 패스가 상대편의 많은 선수가 가하는 압박을 벗어나게 해줘 진정한 값어치가 있다는 사실을 이해할 필요가 있다.

7

더 깊숙한 동료에게 패스하라

이번 장은 제6장의 '층을 건너뛰라'란 주제와 잘 들어맞는다. 이는 모든 축구 선수에게 필요한 상식이지만 특히 수비수들이 주의를 기울여야 한다. 내가 수치를 지나치게 단순화한 것이 흠이긴 하지만 말이다.

전진 패스를 하려고 할 때 전방 10m 거리에 있는 가장 가까운 팀 동료에게도 성공적으로 패스할 수 있고 그보다 10m 더 앞에 있는 팀 동료에게도 성공적으로 패스할 수 있다면, 더 긴 패스를 선택하라. 그 이유는 다음과 같다.

가장 가까이에 있는 팀 동료에게 패스를 했는데, 그 선수가 볼을 받은 다음 그의 유일한 패스 방향이 지금 막 볼을 보낸 당신밖에 없을 수가 있다. 그렇다면 당신이 그에게 10m 전진 패스를 하고 그가 바로 다시 당신에게 10m 백패스를 했으므로 아무 이득도 없는 것이다. 사실 그것은 쌍방향 득실의 차가 없는 제로섬(zero sum) 거래이다. 그러나 당신이 20m 전진 패스를 하고 그 패스를 받은 팀 동료가 방향 전환 없이 다시 백패스를 할 경우에도 적진을 바라보고 서 있는 10m 전방의 우리 편 선수에게 패스를 할 수 있으므로 어쨌든 10m를 전진한 셈이다. 더군다나 지금 볼을 받은 선수는 이미 적진을 향해 있으므로 다음 동작이 수월해진다. 그 차이를 알겠는가?

볼은 자석과 같은 것이다. 상대편 선수들에게는 특히 더 그래서 볼이 있는 곳으로 선수들이 모이게 되어 있다. 그렇기 때문에 되도록 긴 패스를 하게 되면 단순히 더 많은 거리를 전진한다는 의미 말고도 상대편의 압박을 벗어나고 더불어 그 패스를 받는 선수가 볼을 받자마자 여러 가지 다양한 움직임의 대안을 가질 수 있다. 이것이 더 나은 방법이지 않은가!

이것은 공격형 중앙 미드필더와 수비형 중앙 미드필더를 두 층의 미드필더로 배치하여 플레이하는 팀들이 자주 직면하는 문제이다. 수비수가 볼을 소유하고 있을 때 종종 수비형 중앙 미드필더가 가장 가까운 팀 동료가 될 가능성이 높기 때문에 그에게 볼을 주는 경향이 있다. 그러나 경기장에서 15m 정도만 더 전방으로 시야를 넓힐 수 있으면 공격형 중앙 미드필더로 연결되는 패스 경로를 찾을 수도 있다. 이때 그에게 볼을 패스해줄 수 있다면 그 아래에 받치고 있는 수비형 중앙 미드필더가 그 다음 패스의 대안이 되는 것이다.

다음 그림과 같은 전형적인 상황을 보면, 더 긴 패스를 하게 되면 상대편 선수들을 더 많이 따돌릴 수 있고 패스를 받은 선수가 그의 아래에 처져서 다음 동작을 준비하고 있는 안정적인 동료에게 쉬운 패스를 보낼 수 있다.

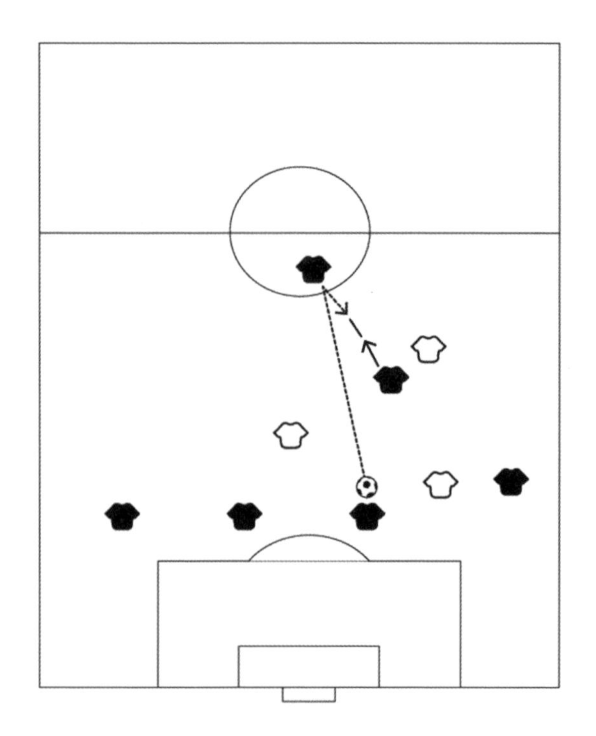

코치들을 위한 한마디

그림의 패턴을 실행할 때 핵심은 아래 선수(수비형 미드필더)가 현재 볼의 위치와 깊숙한 곳에 있는 동료 선수(공격형 미드필더) 사이의 라인에 있지 않도록 하는 것이다. 아래 선수가 그 라인 선상에 있으면 그는 동료 선수에게로 향하는 패스의 경로를 막게 된다. 그렇게 되면 아래 선수는 사실상 상대 팀을 위한 플레이를 하는 셈이다. 아래 선수가 그런 패스 경로에 서 있다고 판단되면 위 선수가 위치를 조정하라고 말해줘야 한다.

훈련에서 볼 소유 게임, 특히 방향성이 있는 게임을 많이 하다보면 이러한 상황을 관찰하고 교정할 기회가 많을 것이다. 다음에 소개하는 포 타깃 게임(Four-Target Game)은 내가 아주 좋아하는 볼 소유 게임의 하나로, 더 깊숙한 위치의 선수에게 플레이하는 것이 더 나은 선택인 순간들을 지적해주는 데 도움이 될 것이다. 그리고 「축구 지능」에 나와 있는 '횡 패스 대신 예각으로(better than square)'란 원칙도 함께 적용하면서 많은 교정을 해줄 것이다.

포 타깃 게임

경기장은 45×25야드(41×23m) 크기이다. 각 팀은 5명씩의 선수를 사각형 공간에 투입하고 1명씩의 타깃 선수를 경기장의 양끝 바깥에 배치한다. 어느 팀에도 속하지 않는 중립 선수(N) 1명을 추가해 시작해도 된다. 타깃 선수들은 상호간에 수비 행위를 하지 않는다. 선수들이 타깃 선수를 방어하기 위해 사각형 공간을 벗어나서도 안 된다. 타깃 선수들이 볼을 받기 위해 사각형 안으로 들어가서도 안 된다. 타깃 선수들은 처음에 2번 이내의 볼 터치로 게임을 시작하되, 서로에게 직접 패스할 수 없다. 타깃 선수들은 2분마다 교대시킨다. 오프사이드는 없다.

이 게임의 목적은 볼을 한쪽 타깃 선수에게 보내고 리턴 패스를 받은 다음 볼을 다른 쪽 타깃 선수에게 보내고 다시 리턴 패스를 받는 것인데, 그러는 도중 볼을 빼앗겨서는 안 된다. 요컨대 한 팀이 볼 소유권을 넘겨주지 않은 채 볼을 양쪽 타깃 선수에게 전달하면 득점하게 된다. 같은 타깃 선수에게 연속해서 2번 이상 볼을 보내도 되나, 양쪽 타깃 선수에게 모두 볼을 보낼 경우에만 득점하게 된다. 한쪽 타깃 선수에게 볼을 보냈다가 볼 소유권을 잃은 다음 소유권을 되찾은 경우에는 어느 쪽 타깃 선수에게 먼저 볼을 보내도 무방하다.

이러한 게임에는 변형이 많은데, 내가 좋아하는 몇 가지를 소개하면 다음과 같다.

- 타깃 선수들에게 1번의 볼 터치만 허용한다.
- 경기장 내 선수들에게 1번 또는 2번의 볼 터치만 허용한다.
- 타깃 선수가 자신에게 패스한 팀 동료에게는 볼을 되돌려주지 못하게 한다.
- 타깃 선수로 가는 패스는 미드필드 아래쪽부터 시작하게 만든다.
- 타깃 선수가 볼을 받으면 그가 즉시 경기장으로 들어오고 팀 동료가 즉시 그를 대체하게 한다.

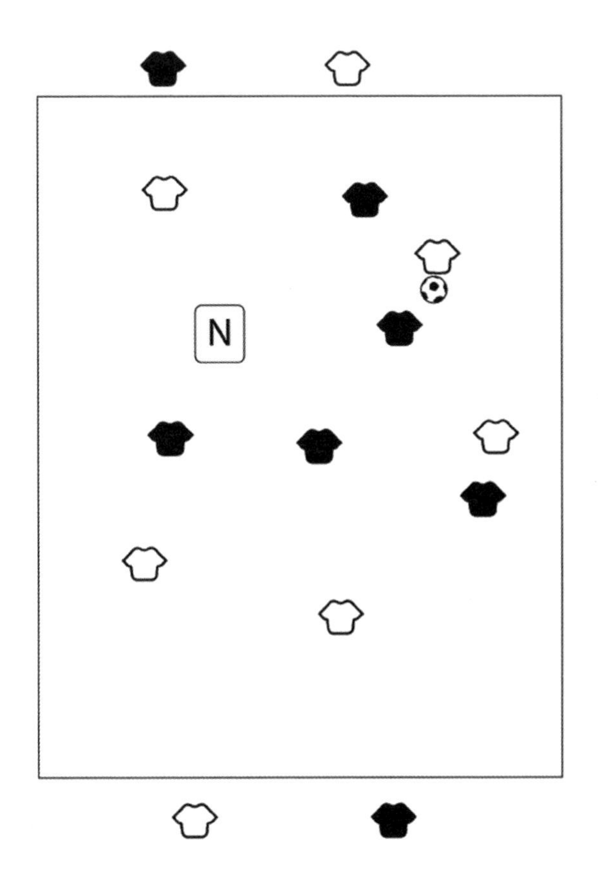
N

8

선수가 움직이는 곳으로 패스하라

이번 장의 제목은 따로 설명이 필요 없을 정도로 꽤 자명하다.

이번 장은 상대편의 수비 라인을 따라 측면으로 달려가거나 그 라인을 넘어 대각선으로 달려가는 공격수에게 볼을 패스하려는 상황에 가장 흔히 적용된다. 어느 경우든 이러한 패스는 흔히 실패하는데, 선수가 패스의 각도를 공격수의 앞쪽으로 잡는 대신 그가 달려가는 궤적의 뒤쪽으로 잡기 때문이다.

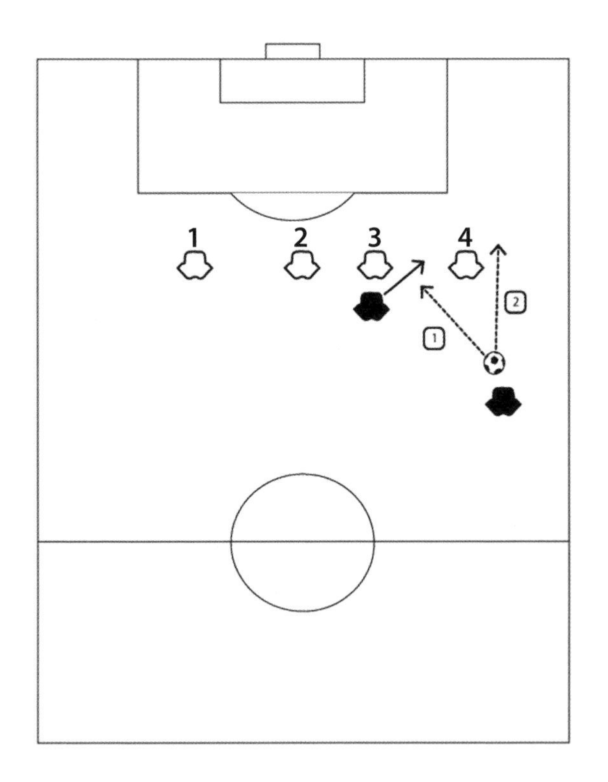

앞의 그림에서 우리의 최종 공격수는 수비수 4와 터치라인 사이 공간으로 침투 패스가 오기를 기대하고 있으나, 실제로 진입 패스 ①은 수비수 3과 4 사이로 들어오고 있다.

대개 이러한 패스는 결국 공격수의 몇 걸음 뒤로 오기 때문에 볼을 완전히 놓치고 만다. 패스가 타깃 선수의 몸으로 가게 하는 데 성공한다고 해도 그가 볼을 받기는 극히 어려운데, 공격수가 움직이는 방향이 볼이 들어오는 방향과 반대이기 때문이다. 이제 그는 어쩔 수 없이 재빨리 멈추고 엉덩이를 벌려 뒤쪽 발로 볼을 받아야 한다. 이것은 말처럼 그리 쉽지 않다. 이 모든 동작을 수비수의 압박을 받으며 해내야 하기 때문이다.

그러면 이와 같은 상황은 어떻게 해결하는가? 간단하다.

먼저 우리는 움직이는 타깃 선수에게 패스하고 있다는 사실을 받아들여야 한다. 그 타깃 선수가 지금부터 0.5초 후에 있을 곳은 그가 지금 있는 곳이 아니다. 그래서 우리는 그가 얼마나 빨리 달려가고 어느 방향으로 향하는지를 관찰함으로써 머릿속에서 신속히 계산을 한 다음 그가 제지를 받지 않게 해줄 패스를 해내야 한다. 아울러 가능하면 언제나 이러한 패스의 각도를 그의 가속도를 방해하는 뒤쪽으로 잡는 대신 곧장 찔러주는 수직의 패스를 해야 한다. 이런 수직 패스라야 팀 동료가 전속력으로 달리면서 처리하기가 훨씬 더 쉬울 것이다.

앞의 그림에서 진입 패스 ②는 공격자가 달려가서 받는 패스이기 때문에 훨씬 더 나은 선택이다. 그래서 우리는 공격자가 현재 차지하고 있는 공간이 아니라 앞으로 달려갈 한 공간 앞으로 패스해야 한다.

코치들을 위한 한마디

『축구 지능』의 제16장에는 내가 가장 좋아하는 훈련 연습 중 하나인 엔드존 게임(End-Zone Game)의 그림이 실려 있다. 이 연습은 볼을 잘못된 패스 공간으로 보내는 선수들을 관찰하고 교정하는 기회를 많이 제공할 것이다.

9

헤더를 시도할 것인가 말 것인가?

이번 장은 수비수들을 대상으로 한다.

상대편이 당신의 머리 위를 지나칠 수도 있는 긴 공중 볼을 찼다. 상대편 공격수가 경기장을 따라 전속력으로 달려와 그 패스를 받으려고 한다. 당신의 선택은 점프를 해서 헤더를 시도하든지, 아니면 몸을 돌려 우리 골문 쪽으로 달려가든지 둘 중 하나이다.

이러한 상황은 종종 골로 이어질 수 있는데, 수비수가 볼의 비행 경로 또는 자신의 점프 능력을 잘못 판단하기 때문이다. 볼이 수비수 머리 위로 지나가거나, 아니면 수비수가 볼을 잘못 건드려 압박해 들어오는 공격수에게 볼이 연결되기도 한다. 어느 경우든 수비 팀에게는 애석한 일이다.

당신이 그 볼을 머리로 따낼 수 있다면 기어코 반드시 그래야 한다. 뛰어올라 볼을 헤더로 처리하라. 그러나 그러한 결정을 내린다면 승부를 걸고 있다는 점을 알아야 한다. 점프해서 헤더를 시도하기로 결정한다면 그 볼을 따낼 수 있다는 절대적인 확신이 있어야 하는데, 그 볼을 따내지 못해 볼이 머리 위로 지나친다면 끝장이기 때문이다. 당신이 멈추고, 점프하고, 착지한 다음 몸을 돌려 달려갈 때쯤이면 결코 날쌔게 지나간 공격수를 따라잡지 못할 것이다. 그러는 사이 공격수는 볼을 몰고 당신의 골문 쪽으로 속도를 내고 있을 것이다.

그래서 확신이 들지 않는다면, 다시 말해 당신이 머리로 충분히 그 볼을 따낼 수 있는지에 대해 의구심이 가시지 않는다면, 점프하면서 시간을 낭비하지 마라. 대신 몸을 돌려 달리고 몸을 볼의 이동경로에 맞추도록 하라. 볼이 머리 위로 지나치는 경우에 적어도 당신은 그 볼을 향한 달리기에서 이기기 위해 겨뤄볼 기회가 있을 것이다. 그리고 아주 운이 좋으면 볼이 당신의 뒤통수, 목 혹은 등에 떨어질 수도 있다. 물론 그런 경우가 그리 달가운 상황은 아니겠지만, 그 어느 경우도 볼이 당신을 지나치는 것보다는 백번 더 낫다.

코치들을 위한 한마디

나는 우리 수비수들과 이야기를 많이 나누는 편인데 위와 같은 주제를 실제로 많이 다룬다. 몇 차례의 경기를 집중적으로 모니터하여 잘못 선택한 헤더의 시도 때문에 상대편 선수를 놓치는 실수를 부각시켜 설명하면 효과가 있다. 수비수들에게 지체 없이 몸을 돌려 달려가야 하는 때와 장소가 있다는 사실을 주지시켜야 한다.

10

보지 않고 하는 백패스는 금물

목소리만 듣고 플레이해본 적이 있는가? 발 앞에 볼이 있고 고개를 숙인 상태에서 볼을 달라고 외치는 팀 동료의 목소리가 들려 그 음성이 들려오는 방향으로 패스를 하는 수가 있다. 그렇게 해본 적이 있는가? 물론 있을 것이다. 우리 모두가 그렇게 해봤다. 그리고 우리 모두는 그런 플레이의 효과를 보았다. 그러나 분명히 그런 플레이 때문에 질책을 면하지 못하였던 경우도 있을 것이다.

상대편에게 공격의 빌미를 제공하는 가장 좋은 계기는 당신의 백패스를 상대편이 가로채는 것이다. 이러한 백패스 플레이는 자기편 골문에 더 가까울수록 더 위험하다. 따라서 백패스를 할 때에는 어느 정도의 위험 관리라는 측면을 감안해야 한다. 여기에 내가 우리 수비수들에게 적용하는 아주 단순하고도 효과적인 지도지침이 있다: 먼저 타깃 선수를 보기 전에는 백패스를 하지 마라.

이 말은 정말로 단순하게 들리고 실제로 단순하지만 대단히 중요하다. 오른쪽 수비수가 중앙 수비수에게 패스할 때 먼저 그를 살펴보지 않고 패스해서는 안 된다. 또한 중앙 수비수(또는 기타 누구든)가 골키퍼에게 패스할 때 먼저 그를 보지 않고 패스해서는 안 된다. 그렇게 한 번 재빨리 살펴보면 자신의 상황을 평가할 수 있고 지금 백패스를 해야 할지 아니면 또 다른 대안을 찾아야 할지 판단하는 데 필요한 모든 정보를 얻을 수 있다. 설사 그 대안이 볼을 터치라인 밖으로 차내 스로인을 내주는 것일지라도 그렇다.

영리한 공격수는 포식자이다. 그러한 공격수는 수비수들을 유인해 위험한 패스를 하게 한 다음 그들에게 덤벼든다. 그건 마치 숨바꼭질 게임과 같다. 당신이 스스로를 보호하는 최선의 방법은 플레이하고자 하는 방향으로 한 번 재빨리 쳐다보는 것이다. 상대편 공격수가 숨어서 기다리고 있다면 그의 기습 공격 능력을 무력화할 수 있을 것이고, 따라서 끔찍한 심리적 고통을 피할 수 있을 것이다.

골키퍼에게 백패스를 하는 경우에 한 번 재빨리 살펴보아야 하는 중요한 이유가 한 가지 더 있는데, 볼을 그의 앞으로 패스하고 볼이 그를 지나치지 않도록 해야 하기 때문이다. 많은 자책골이 골키퍼에게 주려고 의도한 패스가 잘못되어 발생한다. 골키퍼에게 백패스를 하기 전에 일종의 눈 맞춤을 하도록 하라. 상대편에게 골을 헌납해서는 안 되기 때문이다.

백패스가 당신의 발에서 떠나 팀 동료에게 이를 때까지의 책임은 당신이 져야 한다. 당신의 등을 향해 돌진해오는 압박을 느낄 때라도 볼을 패스하기 전에 한 번 재빨리 엿보아야 한다. 그렇지 않으면 당신은 곤경을 자초하는 셈이다.

코치들을 위한 한마디

공격권을 빼앗기게 하는 백패스는 골로 연결되게 하는 고약한 버릇이다. 나는 우리 수비수들에게 백패스를 하기 전에 반드시 한 번 살펴보도록 신신당부한다. 살짝 엿보는 데는 사실 1/10초면 충분하다는 점을 그들에게 확신시키는 것이 중요하다. 선수들에게 침착성을 강조해야 한다.

11

자살 패스

다음과 같은 상황을 살펴보자. 오른쪽 풀백처럼 측면 플레이어인 당신이 현재 볼을 소유하고 있고 중앙 수비수에게 횡 패스를 하기로 마음을 먹는다.

자, 이제 당신의 패스는 중앙 수비수에게 정확히 도달할 수도 있고 그렇지 않을 수도 있다. 그러나 패스의 정확도는 여기에서 문제가 되지 않는다. 당신이 명심해야 할 것은 당신이 방금 자살 패스, 즉 축구에서 가장 위험한 패스를 했다는 점이다. 이러한 위험은 수비수에게만 해당되는 것이 아니고 모든 포지션의 선수에게 공통적으로 적용되는 것이다. 왜 그런지 설명해보겠다.

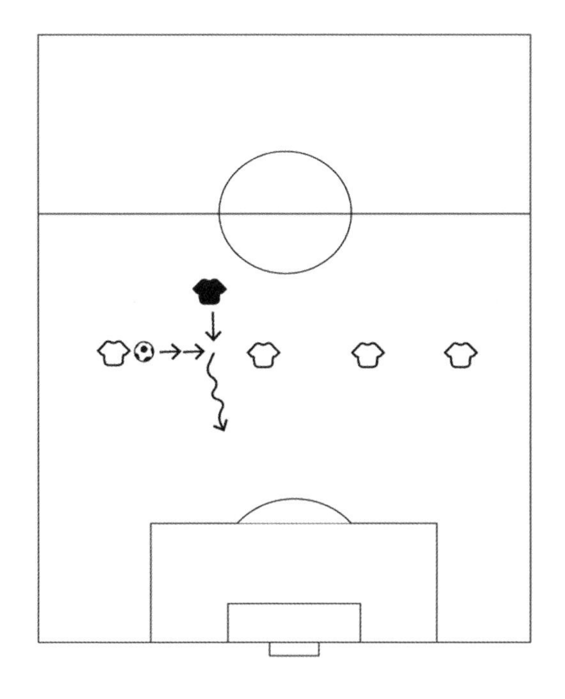

앞의 그림에서 볼을 가진 수비수가 중앙 수비수에게 횡 패스를 하였으나, 상대편 공격수가 그 볼을 가로채기 위해 달려들고 있다. 이 공격수가 볼을 차지하는 순간 경기장의 수적 균형에 현격한 변화가 생긴다. 간단히 말하자면 3명의 변동이 일어나는 것이다. 2명의 수비수가 계산식에서 빠지면서(-2) 이제 그 2명을 제치고 우리 진영으로 침투한 상대편 공격수가 계산식에 추가되었다(+1). 경기장의 수적 균형에서 이 정도로 급작스럽게 3명의 변동이 일어나면 안 좋은 일이 발생하기 마련이다.

볼 소유에 변화가 일어나는 순간 공격수는 이미 이동하고 있고 2명의 수비수는 정지되어 있을 가능성이 더 많으며, 특히 볼을 받기 위해 기다리고 있던 수비수가 그렇다. 경주가 시작되면 수비수들은 즉시 상당히 불리한 입장에 놓인다. 애초의 패스를 하였던 측면 수비수는 볼에서 멀리 떨어져 있을 것이고 다시 복귀해서 플레이에 영향을 미칠 가능성은 거의 없을 것이다. 중앙 수비수의 복귀 가능성은 이 모든 일이 경기장의 비교적 위쪽에서 벌어졌거나 그가 꽤 빠른 선수라면 측면 수비수보다는 약간 높다고 할 수 있다.

바로 이러한 이유 때문에 모든 횡 패스가 위험하나, 그 패스가 측면에서 중앙으로 이루어지면 볼 소유권을 빼앗겼을 때 훨씬 더 치명적이다. 반면 다음 그림에서는 패스가 중앙에서 측면으로 이루어졌기 때문에, 패스를 보낸 선수가 가로채기의 상황을 예측하고 대비할 기회를 가지며 자기 문전으로 복귀하는 달리기를 시작해서 자신을 볼과 골문 사이에 위치시킬 수도 있다. 이렇게 하면 큰 문제 없이 상황이 정리될 수도 있다. 그러나 상대편이 가로챈 횡 패스가 측면에서 중앙으로 온 것이면 달리 취할 방도가 없고 당신의 팀은 곤경에 처한다.

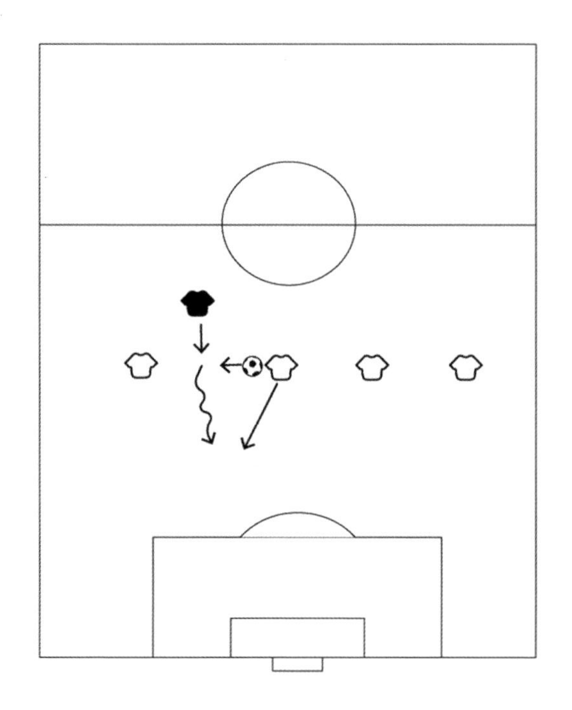

이러한 상황은 특별히 수비수들에게 중요한데, 그들의 경우에는 망쳐버린 자살 패스로 인한 결과가 가장 확연하고도 즉각적이어서 명백한 수비 라인의 와해로 바뀔 수 있기 때문이다. 그러나 자살 패스는 당신의 팀 동료 모두에게 위험하며, 특히 그들이 수비 진영에서 플레이하고 있을 때 그렇다. 가령 우리 진영 40m 지점에서 볼을 소유하고 있고 볼을 패스하기 전의 수적 상황이 6 대 5로 우리 편에게 유리한 상황이라고 하자. 그러나 볼이 가로채이는 순간 그 숫자는 4 대 6으로 우리 편에게 불리해지고 상대편은 곧장 골문을 향해 전속력으로 달려간다. 그건 상대 팀에게 절호의 기회가 된다.

이전 장에서 나는 보지 않고 하는 백패스는 금물이라고 했다. 같은 원칙이 여기에도 적용된다. 횡 패스를 하기 전에 눈으로 확인해서 볼이 가로채일 가능성이 없도록 하라.

코치들을 위한 한마디

축구 경기는 잘해서 이기는 경우보다 못해서 지는 경우가 더 많다는 말을 들어본 적이 있는가? 자살 패스는 이러한 개념의 결정적인 예이다. 이는 스코어로 벌을 받는 경향이 있는 실수이므로, 선수들이 경기장의 중앙으로 횡 패스를 할 경우에 그에 수반되는 위험을 인식하게 하는 것이 중요하다.

12

드리블을 할 것인가 말 것인가?

볼이 발로 오기만 하면 언제나 자신의 빼어난 드리블 능력을 과시하고자 하는 선수들이 있다. 이번 장은 그러한 강박 관념에 사로잡힌 선수들을 대상으로 한다. 먼저 긍정적인 측면으로 시작해보자. 드리블에 중독되어 있는 선수들은 십중팔구 드리블을 잘한다. 자신이 드리블을 잘하는 선수인지 확신이 서지 않으면 감독에게 물어보라. 그의 대답이 부정적이라면 드리블을 줄이고 패스를 늘려야 하며, 이번 장은 더 이상 읽지 않아도 좋다. 그러나 당신이 진정으로 드리블에 재능이 있는 선수라면 해줄 얘기가 있다.

드리블에 재능이 있는 선수와 효과적인 드리블을 하는 선수 간에는 차이가 있으며, 둘 중 어느 하나에 해당되는 선수가 자동적으로 다른 하나가 되는 것은 아니다. 드리블에 재능이 있는 선수는 기술적이고 유연하며 방향 전환이 뛰어나다. 그렇다고 해서 그 재능이 어떤 결과를 도출하지는 않는다. 그저 보기에 아름다울 뿐이다. 드리블에 재능이 있는 선수는 효과적인 선수일 수도 있고 비효과적인 선수일 수도 있다.

효과적인 드리블을 하는 선수는 유리한 상황을 창출한다. 그러한 선수의 드리블에는 목적이 있고 그 목적이란 상대편을 가능한 한 신속하게 제쳐 공격에서 수적 우위를 점하고 득점 기회를 만드는 것이다.

당신이 드리블에 재능이 있는 선수라면 효과적인 드리블을 하는 선수가 되기 위해 노력해야 한다. 내 말을 이해하겠는가?

과거에 나는 대학 축구에서 드리블을 가장 잘하는 선수들 중 한 명을 지도했다. 짐작하겠지만 그는 모든 상황을 드리블 돌파로 해결하고자 했다. 왜일까? 그는 재능이 대단한 선수였기 때문이다. 그는 상대편 선수들의 발을 매듭으로 묶어버릴 정도였다. 그는 아주 재빨리 그리고 자주 방향을 전환할 수 있어 수비수들이 땅바닥에 넘어지기까지 했다. 문제는 그가 1 대 1의 현란한 드리블을 선보일 때 많은 경우에 반드시 무슨 효과를 본 것은 아니었다는 점이다. 그리고 볼도 물론 득점에 유리한 위치로 가지 못했다. 게다가 우리의 공격도 아무 성과를 보지 못했다. 그가 상대편 한 명을 농락하는 사이 상대편의 모든 팀 동료가 볼의 후방으로 되돌아와 전열을 정비했다. 그래서 그가 자기 개인의 싸움에서 천천히 이겨나가는 동안 우리 팀은 더 큰 전투에서 지고 있었다. 그의 드리블로 우리는 수적 우위를 잃었기 때문에 그러한 드리블은 흔히 득보다는 실이 많았다.

모든 드리블 대결은 싸움이며, 모든 싸움에는 시간이 걸린다. 팀이 공격을 전개할 때 시간은 적이다. 개인의 싸움이 더 오래 지속될수록 상대편이 동료들을 볼의 후방으로 배치해 전열을 정비할 시간이 더 많아진다. 선수의 당면 목표가 드리블로 상대편 한 명을 제치는 것이라면 그 일을 더 빨리 끝낼수록 자신의 팀이 더 유리해진다. 이것이야말로 중요한 부분이 아니겠는가?

당신이 효과적인 드리블을 하는 선수가 되기 위해서는 드리블이 어떻게 전반적인 상황에 도움이 될지를 이해해야 한다. 당신은 언제 그리고 어디서 패스가 드리블보다 더 좋은 선택인지를 이해해야 하는데, 설사 당신이 결국 드리블 대결에서 성공하게 될지라도 그렇다. 드리블은 그 자체가 목표가 아니며, 드리블을 통하여 좋은 기회를 창출하는 것이 목적이 되어야 한다. 드리블 때문에 공격이 늦춰진다면 팀 전체는 좋은 기회를 날려버리게 된다.

효과적인 드리블을 하기 위해서는 드리블을 할 것인지 말 것인지 먼저 판단해야 한다. 드리블 대신 패스를 하는 경우에 팀이 더 빨리 공격할 수 있다면 패스를 하는 것이 맞다. 패스로 볼을 30m 전진시키는 것은 드리블로 볼을 30m 전진시키는 것보다 비교가 안 될 정도로 훨씬 더 빠르다. 이 점을 명심해야 한다.

드리블을 할 상황인지 먼저 판단하라는 말이 나온 김에 하는 말인데, 자신의 골문을 향해 있는 상태에서 등 뒤로 압박을 받고 있고 당신의 아래로 처져 지원하는 선수가 있다면 이때가 바로 이타적인 당신의 본성을 과시하고 일찌감치 패스 플레이를 선택하기에 이상적인 시점이다. 내가 아주 싫어하는 행동의 하나는 이러한 상황에 있는 선수가 두세 번 드리블 플레이를 시도한 후 상황이 만만치 않다는 점을 깨닫고 나서야 볼을 팀 동료에게 밀어주는 것이다. 어차피 그에게 백패스를 할 바에야 일찌감치 패스를 마칠 수는 없을까? 볼 패스를 더 오래 지체시킬수록 그 볼을 받게 되는 팀 동료는 상황이 더 어려워지고 상대편은 채비를 갖출 시간이 더 많아진다. 팀 동료가 이미 당신이 결국 가고자 하는 전방을 향해 있기 때문에 이미 그는 이 상황을 해결할 가능성이 아주 높다. 그러니 제발 그냥 그 골칫덩이 볼을 패스만 해주면 되는 것이다.

일반적인 경험에 따르면, 이러한 '드리블이냐 패스냐'의 결정은 현재 당신이 경기장의 어느 지역에 위치해 있느냐에 따라 내리는 것이 좋다. 많은 코치가 경기장의 수비 지역이나 중앙 1/3 지역에 있을 경우에는 패스를 먼저 고려하고 공격 1/3 지역에서는 드리블을 시도하는 원칙을 선호한다. 공격 1/3 지역에서 수비수를 1 대 1로 무너뜨리면 흔히 바로 크로스, 슈팅 혹은 기타의 득점 기회로 이어질 것이다. 반면 센터서클 후방에서는 상대편을 드리블로 제치더라도 60m 이상을 더 전진해야 상대편 골문에 이른다. 이러한 논의에서 가장 중요한 것은 경기장의 전체 판세를 읽어야 한다는 것이다.

코치들을 위한 한마디

나는 이처럼 드리블에 집착하는 병적 증상을 보이는 여러 선수를 지도한 적이 있는데, 그들은 하나같이 빠른 발 놀림을 강조하는 환경에서 훈련을 받으며 성장했다는 공통점이 있다. 이런 선수들은 그러한 기술에 정말로 능숙하였고 방향을 전환하는 자신의 능력을 과시하길 좋아했다. 그러나 그들은 나무만 보고 숲을 보지 못하는 경우가 비일비재였다. 이러한 문제를 해결하기 위해 우리는 각각의 선수에게 자신의 드리블 플레이가 어떻게 우리 팀의 공격을 늦추고 있는지와 선수가 볼을 소유할 때마다 자기 기량의 모든 면을 다 선보일 필요는 없다는 점을 설명했다. 그런 다음 우리는 선수들에게 드리블을 할 상황을 보다 주의해서 판단하라고 부탁했다. 그렇게 하기 시작하자 선수들은 훨씬 더 효과적이 플레이를 펼치게 됐다.

13

슈팅 목표물을 좁히면 득점 확률이 올라간다

나는 최근에 우리 대학 선수 5명을 참여시켜 즉흥적으로 작은 실험을 해봤다. 정규 연습 전에 슈팅 연습을 하러 온 이 선수들에게 나는 사이드 발리킥을 연습하자고 했다. 골문 앞쪽으로 9m 정도 거리에 선수들을 일렬로 세운 후 40개의 축구공을 가지고 그들로부터 약 4m 떨어져 무릎을 꿇은 상태에서 볼을 허리 높이 정도로 가볍게 던져 볼을 골문으로 차 넣으라고 했다. 볼은 40개였으므로 각각의 선수가 8번의 슛을 날렸다. 이렇게 첫째 라운드를 마쳤을 때 볼의 절반가량이 골대 안으로 들어갔고 나머지 절반은 골대 위로 날아가거나 골대 옆으로 빗나갔다.

둘째 라운드에서는 골라인의 중앙에 나무 벤치를 놓아 연습에 변화를 주었다. 이제 선수들의 목적은 사이드 발리킥으로 그 벤치를 맞히는 것이었다. 이렇게 둘째 라운드를 통해 벤치를 맞힌 경우는 8회인가 9회였다. 별로인 성적이라고 생각하는가? 하지만 이 점을 고려해보자: 둘째 라운드에서 날린 40개의 슈팅 가운데 1개만이 골대 위로 날아갔다. 나머지 39개는 골네트를 갈랐다. 이것은 어떤 기준으로 보아도 꽤 놀라운 향상이다.

선수들이 골문 전체를 목표물로 슈팅할 때에는 골문에서 자신이 볼을 전달하고자 하는 특정 지점을 굳이 선택하지 않았다. 그들은 기술적으로 제약을 받지 않았으므로 그리 정확하지 않았다. 그러나 훨씬 더 작은 목표물에 집중해야 하는 상황이 되자 갑자기 네트를 빗나갈 수 없었다!

나는 오차범위(margin for error, 여유 공간)를 가능한 한 많이 자신에게 허용하라는 입장을 열렬히 지지하며, 특히 슈팅에 관한 한 그렇다. 골은 골대 옆으로 혹은 골대 위로 빗나갈 수 있으나, 골대 아래로 빗나가는 것은 물리적으로 불가능하다.

슈팅하는 선수가 목표물로 삼는 골문 전체의 면적은 17.86㎡ (7.32×2.44m)이다. 우리 선수들이 목표물로 했던 나무 벤치의 면적은 0.84㎡(1.83×0.46m)이었다. 자연히 그들이 벤치를 맞히는 경우보다 거기에서 빗나가는 경우가 훨씬 더 흔할 수밖에 없었으나, 더 작은 목표물에 집중하자 그들에게 오차범위가 한층 더 많이 생겼다. 그래서 그들의 슈팅이 벤치를 빗나갔다고 해도 그들은 여전히 골을 넣을 수 있었던 것이다.

당신이 골문 가까이 있고 막 슈팅하려는 볼이 지면에서 떨어져 있으면 골라인을 겨냥하는 것이 좋다. 그 볼이 그야말로 골라인을 튀기며 지나가서 네트를 가르도록 세게 차려고 시도하라. 골대의 높이는 2.44m이므로 이처럼 목표물을 좁히면 약 2m의 오차범위가 생기는데, 그건 꽤 충분한 여유 공간이다. 슈팅이 1.9m 정도 목표물을 빗나간다고 해도 여전히 득점할 수 있다는 말이다.

목표물을 좁히면 기술적인 부분에 허술할 가능성이 줄어든다. 이런 경우는 정신을 집중하고 다리를 뒤로 짧게 뻗을 가능성이 더 많다. 무슨 의미냐 하면 득점할 가능성이 더 많아진다는 것이다. 그건 좋은 점이 아닌가?

코치들을 위한 한마디

나는 위에서 설명한 바로 그 이유 때문에 슈팅 연습을 할 때에는 종종 앞서 말한 벤치처럼 작은 목표물을 골라인에 놓는다. 더 작은 목표물을 대상으로 연습할 때 선수들이 보여주는 집중력을 관찰하고 있으면 놀라울 따름이다. 우리는 심지어 7.3×0.9m 크기의 이동식 골대를 만들기도 하였는데, 이 골대는 굴려주는 볼을 선수가 슈팅하는 훈련을 하는 데 제격이다. 그러한 슈팅에서 선수들은 자주 볼을 허공으로 날릴 것이므로, 목표물을 더 좁히면 선수들은 다리를 뒤로 짧게 뻗고 기술적으로 견실한 볼 콘택트를 하는 데 집중하지 않을 수 없다

14

자충수가 되는 움직임

당신이 중앙 공격수라고 가정해보자. 동료 윙이 측면에서 볼을 소유하고 있고 공격 1/3 지역에 막 진입했다. 그는 상대편의 측면 수비수와 대면해 있고 1 대 1 대결로 그 수비수를 돌파할 채비를 하고 있다. 이때 중앙 공격수인 당신은 어떻게 움직이겠는가?

이러한 경우에 많은 선수가 흔히 다음과 같은 행동을 한다. 다음 그림에서 보듯이 중앙 공격수가 대각선 방향으로 코너로 이동하면서 수비수를 끌고 간다. 이제 1 대 1 싸움 공간이 비좁아져버렸기 때문에 볼을 소유한 팀 동료는 새로운 플랜을 찾아야 한다. 이런 움직임은 유망한 공격 기회를 한순간에 물거품으로 만드는 데 딱 좋은 행동이다.

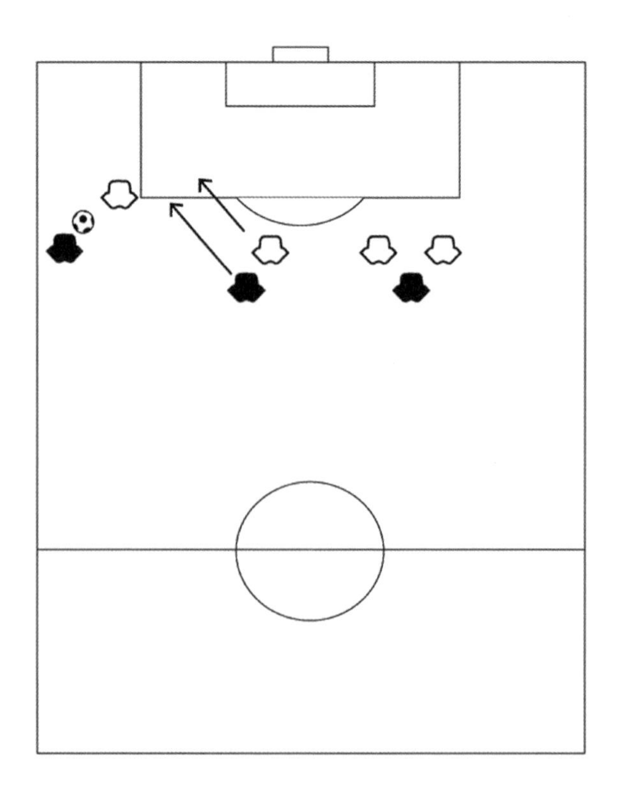

먼저 작은 문제부터 생각해보자. 동료 윙이 터치라인을 따라 위쪽으로 당신에게 패스를 해준다면 당신이 그 볼을 받는 방법은 하나뿐이며, 당신은 경기장을 등진 채 터치라인으로 몰리고 수비

수의 밀착 압박을 받는 상황에 처하게 된다. 운이 좋으면 이러한 상황을 코너킥으로 바꿀 수도 있다. 하지만 대개는 상황이 스로인으로 끝나고 그것도 상대 팀의 스로인인 경우가 흔하다. 위와 같은 움직임에서 얻어낼 것은 별로 없다.

더 큰 문제는 동료 윙에게 온 1 대 1 상황을 완전히 망쳐놓았다는 것이다. 윙은 고립 상태에 빠진 그 수비수와 대면해 있었는데, 당신이 코너 쪽으로 움직이는 바람에 그 수비수에게 도움을 가져다 준 셈이다. 자, 1 대 1 상황은 절호의 공격 기회이다. 동료 윙이 1 대 1 상황에 능한 공격수라면 제발 그의 일에 관여하지 말고 그가 자기 일을 하게 놔두라. 상대편이 측면 수비수에게 커버 플레이를 해주지 않는다면 굳이 그들이 그러한 플레이를 하게끔 하지 말라. 그저 당신의 팀 동료가 혼자 자기 일을 하게 놔두고 골문 앞쪽으로 이동해서 그의 크로스를 기다리는 것이 맞다.

코치들을 위한 한마디

일부 코치들은 위와 같은 움직임에 대해 나와 전적으로 다른 의견을 가질 수도 있는데, 그럴 수도 있다고 본다. 그러나 적어도 나는 상대편 공격수들이 이러한 플레이를 전개할 때마다 늘 즐겁다. 내가 아는 한 그들은 코너 플래그를 공략할 수 있을 뿐이다. 선수들이 이런 움직임을 보이는 이유는 측면 수비수와 터치라인 사이로 난 패스 공간이 침투해 볼을 받기에 가장 쉬운 공간이기도 하기 때문이다. 당신이 그러나 거기가 가장 쉬운 공간인 이유는 또한 수비하기에 가장 덜 위험하고 가장 덜 문제가 되는 공간이기도 하기 때문이다. 당신이 이러한 움직임에 대해 나와 공감한다면 다음과 같은 방법으로 해결하면 된다. 먼저 문제의 움직임을 상황판에 그림으로 나타낸다. 그런 다음 경기장으로 나가 선수들에게 그러한 움직임을 보여준다. 그러고도 중앙 공격수가 문제의 움직임을 보인다면 호통을 쳐서 다시는 그러지 못하게 주지시킨다.

15

양손을 내리고 수비하라

슈팅이나 크로스를 차단하려 할 때에는 양손을 몸의 양옆으로 내린 상태를 유지해야 한다. 그리고 가능하면 언제나 양손을 몸의 뒤쪽으로 두어야 한다. 위와 같은 상황에서 볼은 내뻗은 팔을 찾아가는 고약한 버릇이 있으며, 그 결과는 흔히 핸들링이다. 물론 위와 같은 조치는 선수들이 자신의 페널티 박스 안에 서 있을 때 한층 더 중요해지는데, 거기서 핸들링은 대개 페널티킥을 초래하고 그건 결과적으로 골로 이어지기 때문이다.

나는 공격수가 페널티 에어리어의 가장자리에서 크로스한 볼이 수비수가 내뻗은 팔 이외의 부위에 맞고 튀어 나왔는데도 어쨌든 페널티킥이 선언되는 예를 많이 보아왔다. 크로스한 볼이 수비수의 얼굴을 정통으로 때렸을 때에도 페널티킥이 부여되는 경우도 2번이나 보았다. 그러한 움직임들은 아주 빨리 일어나 심판이 속기 쉬우며, 특히 양팔을 몸에서 떨어트려 마구 흔드는 경우에 그렇다. 양팔을 내리고 양손을 몸의 뒤쪽으로 둔 상태를 유지하는 것은 훌륭한 예방 조치이다. 그렇게 하면 심판이 범하지도 않은 파울로 페널티킥을 부여하기가 거의 불가능하다.

이와 같은 조치는 2가지 이유로 말처럼 그리 쉽지 않다. 당신은 신체의 자연스런 동작으로 인해 자주 팔을 올린 상태가 될 것이므로, 양팔을 아래로 유지하도록 의식적인 노력을 기울여야 한다. 그건 쉽지 않지만 단연코 실행할 수 있다. 비결은 상대편이 볼을 차기 전에 당신이 곧 슈팅이나 크로스를 차단해야 하는 상황에 있다는 점을 인식한 다음 양팔을 아래로 유지하는 결심을 하는 것이다.

신체 제어는 사실 슈팅이나 크로스를 차단하는 선수들이 직면하는 2가지 어려움 중 쉬운 편에 속한다. 진짜 어려움은 진정하고도 고지식할 정도의 용기를 보이는 것이다. 상대편이 막 자신의 방향으로 대포알 같은 슈팅을 때리려 할 때 당신이 양팔을 몸의 양옆으로 붙인 채 거기에 버티고 서 있는 데에는 다소 특별한 뭔가가 요구된다. 염려하지 말고 어쨌든 그렇게 해야 한다. 마치 대통령을 위해 저격수의 총반이 역할을 막 하려는 듯이 용기를 내어 그 볼의 앞쪽에 서야 하는 것이다. 용감해지도록 의식적인 선택을 해야 한다. 물론 그 볼에 맞으면 다소 아플 것이다. 아니, 많이 아플 수도 있다. 그러나 10초 후면 아픔이 사라지고 다시 자신의 게임을 속행할 수 있을 것이다. 하지만 자신을 보호하기 위해 양손을 올려 팔이 그 볼에 맞는다면 당신은 상대편에게 골을 선사한 셈이다.

코치들을 위한 한마디

슈팅을 차단하는 데에는 단순한 용기 이상의 기술이 요구된다. 슈팅을 차단하는 것은 기술이기 때문에 선수들을 가르쳐서 그러한 기술을 향상시켜야 한다. 그러나 선수들에게 그런 기술과 함께 용기가 없다면 그 기술은 중요하지 않을 것이다. 나는 우리 팀에서 슈팅을 차단하는 선수들을 영웅처럼 대우한다. 나는 절대적으로 그들을 좋아한다. 우리 선수들 중 하나가 슈팅이나 크로스를 차단하게 되면 언제나 팀 동료들 앞에서 그의 용기를 열렬히 축하한다. 용감한 선수들 없이 팀은 승리하지 못한다. 때로 선수는 2초간의 용기를 내기만 하면 되는데, 그것이 바로 영웅들이 하는 행동이기 때문이다.

16

때로는 배우가 되라

야구에서 타자가 3볼 1스트라이크 상황에 있다. 다음 투구가 스트라이크 존의 바깥쪽 가장자리로 온다. 투수가 막 4볼을 던졌기 때문에 타자는 즉시 1루를 향해 재빨리 걸어가기 시작한다. 투수가 4볼을 던졌을까? 심판은 아직 선언을 하지 않았다. 그런데 왜 타자가 심판이 4볼이라고 판정하기도 전에 1루를 향해 스타트를 했을까? 그 투구가 분명히 스트라이크가 아니라고 타자가 심판을 확신시키려 하기 때문이다. 그렇다. 모든 스포츠에는 연기가 있고 축구도 예외가 아니다.

아무도 터놓고 소리 높여 그리 말하기를 꺼려하지만, 영리한 축구 선수가 되는 것의 일부는 좋은 배우가 되는 것이다. 심판도 인간인지라 항상 벌어진 상황을 정확히 볼 수는 없으므로, 흔히 그들의 선언은 볼 주위에 있는 선수들의 즉각적인 반응에 의해 영향을 받는다. 당신은 이러한 지식을 곱씹어 자주 적용해야 한다.

볼이 라인 밖으로 나가고 당신 팀에게 볼이 주어지는 것이 마땅한 경우에는 언제나 당신이 공격하고 있는 방향을 가리키면서 "마이 볼!" 혹은 "코너킥!"처럼 뭐든지 말해 그러한 사실을 강조하는 것이 좋다. 원칙적으로 그렇게 해서는 안 되지만 어쨌든 그리 해야 한다. 왜인가? 당신이 "코너킥!"이라고 말하지 않고 상대편 선수가 "골킥!"이라고 외치면 심판은 마음이 흔들려 골킥을 부여할 수도 있기 때문이다. 정말이다...그런 일이 벌어진다. 그것도 자주.

간혹 당신은 스로인 상황이 벌어질 때마다 볼이 분명히 상대편에게 주어져야 할 경우에조차 매번 자기 볼이라고 주장하도록 코치를 받은 팀을 만날 것이다. 볼이 라인을 벗어날 때마다 매번 상대 팀은 15명이 합세해 "마이 볼!"이라고 외친다. 이러한 팀이 끊임없이 투덜대는 것보다 더 짜증나게 하는 것은 심판이 조금 전 벌어진 상황을 자세히 보지 못했기 때문에 가끔 그들의 이구동성이 먹혀든다는 것이다. 나는 당신의 볼임이 마땅한 경우가 아니거나 상황이 아주 빨리 일어나 심판이 명확한 판단을 내리기가 어려운 경우가 아닌 한, "마이 볼"을 주장해서는 안 된다고 생각한다. 하지만 심판이 터치라인 근처에서 발생한 플레이에 대해 어느 쪽에 스로인을 선언할지 어려움을 겪을지도 모른다는 생각이 들면, 먼저 가서 (무조건) 스로인을 차지해버리는 것이 좋다.

일단 스로인을 차지해버리겠다고 마음먹었으면, 그 볼이 추호의 의심도 없이 자기 편 것이고 반대로 생각하는 사람은 누구든 바보라는 듯이 행동해야 한다. 사람들에게 설득력 있게 행동하고 재빠르게 행동해야 한다. 이 둘이 다 필요하다. 스로인을 차지하려고 기회를 노리는 선수는 많다. 한 선수가 당장 볼을 집어 들고 머리 뒤로 넘기면 모두가 볼이 그의 것이라고 믿을 만한 충분한 이유가 된다.

자, 지금까지는 확신을 잘 심어주었으므로 0.5초만 흐르면 완전 범죄를 범하게 된다. 그러나 그때 그는 자신이 정말로 스로인을 해도 될는지 알아보기 위해 먼저 잠시 심판의 눈치를 살펴보게 된다. 그렇게 아주 잠시 주저하는 순간 일은 글러버린다. 이 순간에 심판은 덤으로 1초를 확보하여 자신의 머릿속에서 상황을 다시 돌려본 다음 그 선수의 눈 속에서 죄책감을 읽는데, 그것만으로도 그가 휘슬을 불어 상대 팀에게 볼을 넘겨주기에 충분하다. 당신이 스로인을 해버리려 한다면 서둘러서 볼을 경기장 내로 투입하는 것이 좋다. 일단 볼이 다시 경기장 내로 들어오면, 심판이 플레이를 정지시킬 가능성이 훨씬 떨어진다.

그럴듯한 연기가 팀을 구할 수도 있는 또 다른 경우가 핸들링이다. 볼이 느닷없이 당신의 팔을 때렸을 때 심판은 핸들링을 선언할 수도 있고 하지 않을 수도 있다. 핸들링을 실토하는 것은 당신이 할 일이 아니며, 특히 당신이 자신의 페널티 박스 안에 있다면 더욱 그렇다. 이런 경우에 내가 해줄 수 있는 최선의 조언은 마치 볼이 절대로 당신의 팔에 닿지 않았다는 듯이, 마치 당신에게 팔이 없다는 듯이 조금의 주저도 없이 계속 플레이를 하라는 것이다. 심판이 페널티킥을 부는 것은 어려운 결정이다. 볼이 당신의 팔을 때린 후 눈 깜박할 사이라도 멈칫거리면 당신은 심판의 휘슬을 자초하는 셈이다.

그리고 우연히 볼이 당신의 아래팔을 강타해 찌르듯이 아플지라도 제발 거기를 문지르지 마라. 최소한 심판이 휘슬을 불기에는 늦은 감이 있다고 여길 때까지는 그러지 말아야 한다. 그저 그런 일이 결코 일어나지 않았다는 듯이 행동해야 한다. 당신의 팔에 생긴 통증은 신속히 가라앉을 것이다. 반면 페널티킥이 초래하는 고통은 한층 더 오래 지속될 수 있다.

코치들을 위한 한마디

라인 밖으로 나가 재개되는 볼은 먼저 차지하는 사람이 임자가 되는 물건이나 다름없다. 재개되는 볼을 차지하는 것은, 특히 자기 팀의 것임이 마땅한 볼을 자기 것이라고 주장하는 행동은 꽤 중요한 주제이다. 그건 이런 식으로 생각하면 된다: 당신은 자신의 코너킥이 상대편의 골킥이 되기를 원하는가?

우리가 미니 게임을 할 때 볼이 라인 밖으로 나갔을 경우에 볼을 가져가야 할 팀이 볼을 자기 것이라고 주장하지 않고 대신 상대편이 그런 주장을 하는 상황이 되면, 나는 상대편에게 경기를 재개하는 권한을 준다. 그러면 이쪽 팀의 누군가가 정신을 차리고 "가만, 그건 당연히 우리 볼이야!"라고 말한다.

그러면 나는 그와 그의 팀 동료들에게 "참 안 됐군. 볼이 라인을 넘어갔을 때 뭐든지 말을 했었어야지"라고 말한다.

내가 늘 말하듯이 선수들은 자선단체를 운영하고 있는 것이 아니다. 선수들은 재개되는 볼을 차지하기 위해 경쟁해야 한다.

17

무엇이라도 건져내라

당신이 터치라인 또는 엔드라인으로 몰려 옴짝달싹 못해 어떤 유의미한 플레이도 전개할 가능성이 막 사라지려 할 때, 제발 부탁하건대 무엇이라도 건져내라!

물론 나는 당신이 멋진 크로스를 보내 팀 동료가 발리킥으로 골 그물을 가르도록 하려는 것을 알고 있으나, 그러한 크로스가 실제로 일어날 현실적인 가능성이 사라졌을 때에는 플랜 B로 넘어가 우리 팀에게 스로인이나 코너킥을 안겨야 한다. 어떻게? 간단하다. 그저 볼을 상대편의 정강이로 툭 차낸 다음 그의 다리에서 굴절되어 오는 볼을 피하면 된다. 영리한 공격수는 수비수들을 유인해 그저 엔드라인까지 자신을 따라오게 한 다음 볼이 그들을 맞고 튕겨 나올 수 있도록 함으로써 코너킥을 얻어낼 것이다.

물론 나는 스로인으로 관중의 환호를 받을 가능성은 많지 않다는 점을 아나, 적어도 자기 팀이 볼을 소유하게 될 것이고 그것이 나쁠 것은 없다. 그리고 코너킥이라도 얻어낸다면 그건 한층 더 좋은 것이다.

말이 나온 김에 상황을 뒤집어 생각해보자. 가령 당신이 터치라인 근처에서 상대편을 압박하고 있고 그가 균형을 잃고 자신의 골문을 향해 있으면서 볼에 회전을 걸어서라도 터치라인 위쪽으로 볼을 걷어내려 하고 있다면, 그렇게 걷어낸 볼이 터치라인 안으로 들어갈 가능성을 재빨리 분석해야 한다. 그의 성공 가능성이 높지 않다면 볼에 맞지 않게 비켜나도록 한다.

우리는 종종 이러한 상황에 있는 측면 수비수를 보게 되는데, 걷어내기로 곧장 터치라인 밖으로 나갔었을 볼이 결국 압박하는 공격수를 맞고 튀어 나가 수비수가 스로인을 얻고 만다. 그가 당신에게 스로인을 주게 될 상황이라고 판단되면 빨리 몸을 비켜버리는 것이 좋다. 뭔가 얻는 것은 아무것도 얻지 못하는 것보다 나으므로 뭔가를 얻어내라.

코치들을 위한 한마디

재개되는 볼을 따내는 데에는 특정한 기술이 필요하다. 그건 우연히 일어나지 않는다. 위와 같은 개념은 볼 소유 연습 및 미니 게임 중에 하는 당신의 지도에 엮어 넣을 수 있는 하위 주제의 하나이다.

18

스로인을 지연시키는 요령

당신과 상대편이 터치라인에 붙어 서로 볼 다툼을 벌이고 있는 사이 볼이 터치라인 밖으로 튕겨 나간다. 당신은 스로인을 하려는 의도로 그 볼을 냉큼 집어 든다. 그런데 상대편도 그것이 자기 볼이라고 생각해서 그도 터치라인 밖에 서서 당신이 스로인하는 것을 가로막으려 한다. 그때 심판이 스로인을 상대편에게 주는 신호를 한다. 그러면 당신은 어떻게 해야 하는가?

무엇보다도 그 볼을 그에게 건네주어서는 안 되는데, 당신이 위치에서 벗어나 있는 사이 그가 재빨리 스로인을 할 것이기 때문이다. 둘째로 경기장 안으로 15m 정도 볼을 던져 넣거나 기타 옐로

우 카드를 받을 만한 바보 같은 짓을 해서는 안 된다.

심판의 수첩에 당신의 이름을 올리지 않은 채 이 스로인을 지연시키는 정말로 간단한 방법을 원하는가?

그저 자신의 플레이 위치로 다시 돌아가면서 경기장의 '안쪽' 2m나 3m쯤 되는 곳에 볼을 떨구면 된다. 상대편이 경기장으로 걸어 들어와 볼을 집어 든 다음 경기장에서 다시 걸어 나갈 때쯤이면 당신과 당신 팀의 다른 모든 선수가 적절히 위치를 잡을 것이다. 상대편이 볼을 회수하는 데 걸리는 5초 사이에 신속한 경기 재개로 초래될 가능성이 있는 모든 위험이 사라진다.

이런 지연은 사소한 일인가?
그렇다.
사소한 일들이 중요한가?
경기의 승패를 결정짓는 경우에는 그렇다.

코치들을 위한 한마디

나는 이와 같은 상황에서 볼을 상대편에게 자발적으로 건네주는 선수들이 얼마나 많은지를 보면 어이없을 뿐이다. 이런 상황을 팀에게 설명하고 보여주는 데에는 30초면 충분할 것이며, 더 중요한 점은 그렇게 함으로써 수많은 편두통을 피할 수 있을 것이라는 점이다.

19

뭔가 얻는 것은 아무것도 얻지 못하는 것보다 낫다

당신이 왼쪽 터치라인을 따라 폭발적으로 달려가서 상대편의 엔드라인 쪽으로 깊숙이 침투한 상황에서 볼이 당신의 발 앞에 있고 반걸음 뒤에서 상대 수비수가 뒤쫓고 있다. 크로스를 넘기기에 더할 나위 없이 좋은 상황이다. 한편 팀 동료들은 페널티 박스로 쇄도하면서 당신이 올려주는 크로스를 받으려고 잔뜩 기대하고 있다. 그러나 그 중요한 순간에 당신은 자신이 왼발잡이가 아니라는 점을 떠올리고는 볼을 크로스하는 대신 볼의 진행 방향을 꺾어(cut back) 오른발로 옮기기로 한다. 그 순간 플레이는 거기서 죽어버린다.

대개 이와 같이 공격이 죽어버리는 이유는 방향을 바꾸는 순간 볼이 당신과 수비수 사이에 놓이게 되어 수비수에게 태클을 당해 볼을 빼앗기기 때문이다. 때로 이렇게 방향을 전환할 때 수비수가 몸의 균형을 잃고 멈칫할 수도 있지만, 볼은 볼대로 당신의 발밑에 밟혀서 결국 균형이 깨진 상태에서 크로스를 날리게 되고 그러한 크로스는 결코 볼을 위험 지역으로 보내지 못한다. 경우에 따라서는 할 수 없이 또 한 번의 예비적인 볼 터치를 하여 볼을 좋은 위치로 가져갈 수 있는데, 당신이 크로스를 보낼 채비가 끝날 때쯤이면 상대 팀은 페널티 박스에서 수적 열세를 만회해 당신 팀 동료들의 온갖 문전 쇄도는 수포로 돌아간다. 어느 경우든 결말은 좋지 않다.

그러면 어떻게 문제를 해결하는가? 이러한 문제를 해소하는 가장 쉬운 방법은 당신이 잘 쓰지 않는 발을 사용하는 법을 배우는 것이다. 정말이지 그건 말처럼 쉽다. 단지 어느 정도의 연습이 필요할 뿐이다. 그리고 당신의 왼발이 절대로 오른발만큼 쓸 만하지는 않을지라도, 그렇다고 왼발이 최소한의 역할도 못할 정도는 아닌 것이다. 한쪽 발만 쓰는 선수의 시대는 지났다. 당신이 이 책을 읽을 정도로 축구에 대해 진지하다면 어느 쪽 발로도 볼을 찰 수 있어야 한다. 이 책을 쓰고 있는 현재 우리 조지아 대학교 팀에서 한쪽 발만 쓰는 선수는 한 명도 없으며, 골키퍼도 마찬가지이다.

요즘엔 좋은 축구 선수가 되기 위해서는 적어도 잘 쓰지 않는 발로도 어느 정도 볼을 찰 수 있어야 한다.

당신이 잘 쓰지 않는 발을 연습하기 시작하더라도 뚜렷한 향상이 나타나려면 한두 주가 지나야 한다. 자, 당장 내일 있을 경기에서 위와 같은 왼발 크로스 상황에 처한다면 어떻게 하겠는가?

당신은 볼을 왼발로 크로스해야 한다.
왜 그런가?

왜냐하면 뭔가 얻는 것은 아무것도 얻지 못하는 것보다 낫고 아마도 후자가 당신이 볼의 방향을 바꾸어 오른발로 크로스를 시도하려는 경우의 결과이기 때문이다. 선수 선발을 위해서 경기를 참관하다 보면 선수들이 이러한 실수를 하는 것을 끊임없이 목격한다. 볼을 위험한 시점에 위험한 지역으로 투입하는 기회를 잡는 대신, 그들은 볼을 다시 잘 쓰는 발로 옮기려 애쓰고 결국 아무것도 얻어내지 못한다. 아무것도! 당신은 볼을 크로스해서 행운을 얻을 기회를 잡아야 한다.

당신이 적절한 타이밍에 볼을 크로스한다면 볼을 완벽히 찰 필요가 없을 수도 있다. 그저 볼을 위험한 지역으로 투입하는 것만으로도 공격에 의한 수비의 혼란을 초래하기에 충분할 수도 있다. 어쨌든 그건 거기서 전혀 아무것도 얻지 못하는 것보다는 백번 더 낫다.

코치들을 위한 한마디

우리는 모두 쓰지 않는 발로는 볼을 크로스하려 하지 않는 선수들을 지도한 적이 있다. 연습 중에 그러한 일이 일어날 경우에는 푸시업이 그런 병을 치유하는 기막힌 해결책이다. 경기 중에 그런 일이 일어날 경우에는 벤치로 불러내면 직방일 것이다.

20

크로스 전에 페널티 박스를 살펴보라

크로스는 결정적인 득점 기회를 만들 수 있으며, 수비수들 머리 위로 그리고 골키퍼가 미치는 범위 바로 너머로 멋진 크로스를 날리는 것에는 아주 통쾌한 뭔가가 있다. 크로스는 유용한 기술이고 당신에게 그러한 기술이 있다면 다행이다.

그러나 가장 멋진 크로스라도 페널티 박스로 들어가는 팀 동료가 없으면 소용이 없을 것이다. 때로 공격수는 터치라인 끝까지 치고 올라가 엔드라인 가까이에 다다른 결과 팀 동료들로부터 떨어져 혼자만 앞으로 멀리 나와 있는 처지가 되기도 한다. 공격수가 페널티 박스 내의 상황을 살펴보지도 않고 맹목적으로 크로스를 세게 올리거나, 페널티 박스에 우리 편 선수가 없다는 점을 뻔히 알면서도 자신의 크로스 능력에 심취되어 어쨌거나 볼을 크로스하는 경우가 비일비재하다. 어느 경우든 결과는 황당한 실패이다.

당신이 이러한 상황에 처해 있다면 어느 정도 자제를 하고 전반적인 상황에 대해 생각해보아야 한다. 당신의 크로스를 기다리는 볼이 아주 멋진 위치에 놓여 있을지라도 그리고 당신의 크로스가 십중팔구 굉장할 것이라고 예상되더라도, 페널티 박스 안에서 크로스를 받을 동료 선수가 아무도 없다면 그 크로스는 당신의 팀에게 아무 소용이 없을 것이다. 내 말을 알겠는가? 페널티 박스로 질주하는 팀 동료들이 없다면 당신이 날리는 크로스는 상대편에게 헌납하는 볼이 될 것이고 지금까지의 멋진 공격은 조용히 별 볼일 없이 끝날 것이다.

그러면 어떻게 할 것인가?

일단 볼을 멈추고 현실을 받아들이는 영리한 결정을 내려야 한다. 다음과 같이 생각해야 한다: 볼을 크로스하여 득점 기회를 만들면 최선의 시나리오이겠지만 그건 별로 현실적이지 않으므로, 나는 내 팀을 위해 볼을 유지하고 일부 팀 동료들이 나에게 접근하기를 기다렸다가 그들과 함께 다른 유형의 득점 기회를 만들 수 있도록 하겠다. 이런 결정을 내린 후에는 터치라인 쪽으로 볼을 돌려 수비수에게 등을 진 상태에서 고개를 들어 당신을 지원하는 팀 동료를 찾아야 한다.

물론 그건 문전으로 쇄도하는 팀 동료의 머리로 멋진 크로스를 날리는 것만큼 찬사를 받지는 못하나, 볼을 다시 상대 팀에게 선사하는 것보다는 현저히 더 낫지 않겠는가?

플랜 A가 더 이상 유용한 선택이 아닐 때에는 플랜 B로 넘어가라는 제2장의 설명은 여기에도 동일하게 적용된다.

말이 나온 김에 말인데, 당신의 팀 동료가 페널티 박스로 진입하기 위해 서둘러 달려가지만 거기에 제때 도달하지 못하고 겨우 페널티 박스 경계선을 넘어서고 있을 경우가 있다. 이와 같은 순간에는 크로스를 보낼 때 정상적인 경우보다 조금 더 높이 띄우도록 한다. 이처럼 크로스 볼의 체공 시간을 늘리면 팀 동료가 볼을 받아서 플레이를 할 기회가 생길 수도 있다.

코치들을 위한 한마디

크로스 연습을 시킬 때에는 선수들이 크로스를 하기 전에 한 번씩 페널티 박스를 살펴보도록 요구해야 한다. 너무 많은 선수가 맹목적인 크로스를 날린다. 팀 동료가 페널티 박스에 있는지 여부에 상관없이, 선수가 크로스를 날리기 전에 할 수 있는 가장 중요한 일의 하나는 골대 앞쪽에서 일어나고 있는 상황을 슬쩍 엿보는 것이다. 그렇게 슬쩍 살펴보면 선수가 크로스를 어디로 그리고 언제 보내야 하는지에 관한 유용한 정보를 얻을 수 있다. 또한 그러면 텅 빈 페널티 박스로 크로스하는 수고를 하지 않아도 된다.

21

물살을 거슬러 올라가라

크로스에 관한 이야기를 계속해보자. 이번에도 볼이 코너 근처에 위치해 있고 크로스를 올리기에 좋은 상황이다. 이를 보다 이해하기가 쉽도록 하기 위해, 당신이 경기장의 미드필드에서부터 직선으로 치고 올라왔고 궁극적으로 골문 앞으로 치고 들어갈 의도를 가지고 있다고 가정해보자.

축구 경기장이 평평한 탁자이고 모든 선수가 구슬이라고 상상해보자. 볼이 어디로 가든지 탁자는 그쪽으로 기울 것이므로 자연히 구슬들도 그쪽 방향으로 굴러간다. 이러한 비유는 크로스의 가능성이 있는 상황에 가장 잘 들어맞는다. 팀 동료들은 볼을 가진 선수를 지원하기 위해 그쪽으로 움직이며, 상대편 선수들도 그들을 쫓아가거나 볼을 압박하기 위해 그쪽으로 움직인다. 골키퍼조차 그쪽 방향으로 슬며시 움직인다. 이와 같은 움직임을 위에서 본다면 선수들은 물살을 따라 내려가는 물고기 떼처럼 보일 것이다.

이 시점에서 당신은 이러한 크로스 상황이 전개되면서 수비수들이 2가지, 즉 당신과 볼을 보라고 지도받는다는 사실을 알 필요가 있다. 당신과 다른 모든 선수가 볼 쪽으로 움직이고 있을 때 그러한 지시는 그들에게 수월한 과제이다. 수비수가 해야 할 일은 당신을 따라가는 것뿐이고 그는 동일한 방향의 시야에서 당신과 볼을 모두 볼 수 있게 된다.

그러나 여기서 명심해야 할 사항이 있다. 만일 당신이 다음 페이지의 그림에서 공격형 미드필더처럼 볼과 반대쪽으로 달려간다면, 이제 수비수는 당혹스런 진퇴양난에 빠진다. 즉 몸을 돌려 당신을 쫓자니 볼을 볼 수 없고 그냥 볼을 보자니 당신을 볼 수 없다.

이와 같은 상황에서 수비수가 해야 하는 행동은 볼에서 반대쪽으로 몸을 돌려 당신에 대한 밀착 수비를 유지하는 것이다. 수비수가 얼마나 자주 그렇게 하는가? 거의 그러는 일은 없다.

중요한 결정을 내려야 하는 순간 볼에 등을 돌리는 여유를 보이는 수비수는 아주 적다. 모든 선수가 물결을 따라 한쪽 방향으로 끌려가면서 수비수도 덩달아 표류하거나 기껏해야 그저 그 자리에 꽁꽁 묶인다. 어느 경우든 그는 당신을 따라잡지 못할 것이므로 상관없다. 당신이 나머지 모든 작은 물고기를 따르라는 또래 집단의 압박에 굴복하지 않을 수만 있다면, 크로스 상황에서 자유롭게 헤딩을 할 기회가 많이 생길 것이다.

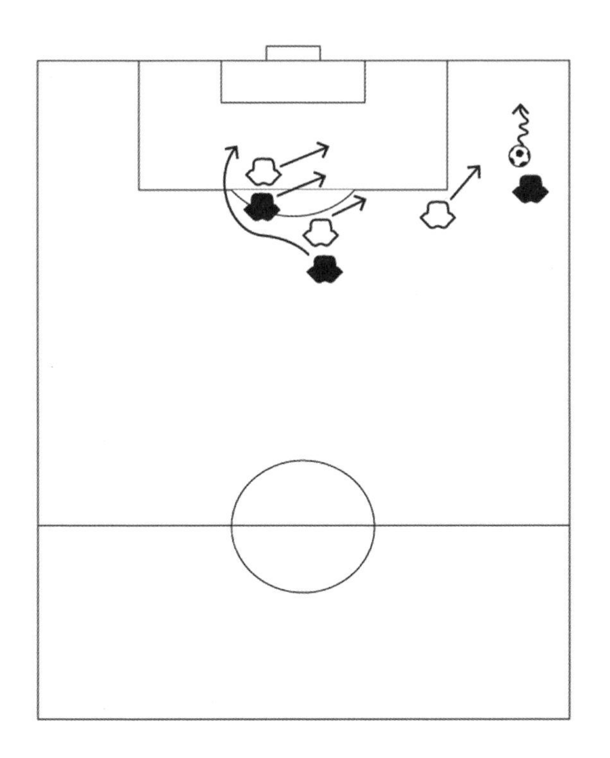

이는 중앙 미드필더처럼 처진 공격수에게 대단히 효과적인데, 그가 막 페널티 에어리어에 진입할 때쯤이면 대부분의 나머지 물고기들은 짝을 지어 볼 쪽으로 헤엄치고 있을 것이기 때문이다. 당신이 이를 인식하고 볼에서 반대쪽으로 물결을 거슬러 헤엄친다면, 수비수들은 대부분 마치 당신이 보이지 않는 듯이 곧바로 당신을 지나쳐 그냥 달려갈 것이다.

코치들을 위한 한마디

나는 이러한 원칙을 지키도록 하는 것이 말처럼 그리 쉽지 않고 실제보다 훨씬 더 힘들 수 있다는 점을 알게 됐다. 선수들은 그저 볼의 중력에 빨려들도록 너무도 정형화되어 있어, 그들에게 반대쪽으로 가라고 설득하기가 매우 어려울 수 있다. 볼과 반대쪽으로 달려가는 것은 그들의 직관에 반한다. 그렇더라도 당신이 선수들 중 그저 한 명이라도 이런 달리기가 결실을 보일 것이라는 점을 믿도록 바꿔놓을 수 있다면, 머지않아 그는 보상을 받을 것이다. 나는 경기마다 이런 움직임을 기본으로 하여 득점을 올리곤 하는 선수를 2명 지도한 적이 있다. 이런 전술적인 움직임이 효과가 있다는 것을 일단 깨닫게 되면 선수들은 다른 사람들이 무슨 말을 해도 이 전술을 고수하게 된다.

22

고양이와 쥐

당신이 공격수라면 이번 장에서 해주는 조언은 당신의 삶을 바꿀 수 있으므로 주의를 기울여라.

가령 볼이 측면으로 플레이되어 크로스가 이루어질 시나리오가 전개되고 있으므로, 당신은 머릿속에서 환호의 세리머니를 그리며 막 페널티 에어리어로 질주해 가려고 한다. 수비수는 당신으로부터 골문 쪽으로 있고 당신이 그 크로스의 끝에 이르지 못하게 할 태세이다.

먼저 이러한 상황을 수비수의 입장에서 보자. 크로스 상황이 전개되고 있을 때 수비수는 분명히 골문 쪽에 머물러야 한다. 그래서 대개 당신과 수비수 사이에는 몇 미터의 완충 공간이 있다. 그러나 특정 시점에서 수비수는 느려지기 시작해 당신이 그를 따라잡도록 할 것이다. 수비수가 자기 일을 잘해내고 있다면, 당신이 페널티킥 지점에 가까워지면서 그와 당신 사이의 완충 공간은 사라질 것이다. 수비수의 입장에서 이상적인 경우는 크로스가 날아왔을 때 그와 당신이 어깨를 나란히 하는 상태일 것이다.

이와 같은 상황에서 대부분의 수비수들이 범하는 실수를 보자. 당신을 상대하는 수비수는 볼이 날아왔을 때 당신과 어깨를 나란히 하는 상태에 집중하는 대신 당신이 그와 골문 사이에 위치하지 않도록 하는 데 집중할 것이다. 사실 그는 이러한 싸움을 골문을 향한 달리기 시합으로 바꾼다. 그것이 달리기 시합으로 바뀌면 그는 당신에게 등을 돌리고 자신의 골문을 향해 달릴 것이다.

그렇다면 이제 대개 당신이 범하는 실수를 알고 싶은가? 그가 등을 돌려 골문으로 달리면 당신은 바로 그를 쫓아가는 것이 보통이다. 진짜 이런 일이 벌어진다. 그건 마치 그 수비수가 당신의 아이폰을 훔쳐 달아나고 당신이 그를 잡으러 가는 상황처럼 보인다.

자, 생각해보자. 그 수비수가 할 일은 볼이 날아왔을 때 당신을 밀착 수비하는 것이다. 그가 당신에게서 달아나고자 하면 그러도록 놔두라. 그저 달리던 걸음에 제동을 걸어 그가 당신으로부터 달아나 당신과 그 사이의 완충 공간이 점점 더 커지게 하라.

이렇게 물어보자. 당신이 술래잡기 놀이를 하고 있고 잡히기를 원하지 않는다면 술래인 아이를 쫓아가겠는가? 물론 그러지 않을 것이다. 그건 완전히 미친 짓이지 않은가? 당신이 그 수비수를 쫓아간다면 당신이 바로 그런 짓을 하고 있는 셈이다. 술래가 할 일은 당신의 몸을 치는 것이므로 그를 위해 그 일을 더 수월하게 해주어서는 안 된다. 쥐가 고양이를 쫓아다니지는 않지 않은가?

수비수가 골라인으로 경주를 하고자 하면 그러도록 놔두라. 그에게 키스를 보내고 잘되길 바라라. 그가 당신에게서 더 멀리 달아날수록 그는 크로스가 떨어질 지역을 더 확대하고 당신이 크로스의 끝에 있을 때 플레이할 공간이 더 넓어진다. 당신이 해야 할 일은 달리던 동작을 멈추는 것뿐이며, 그러면 잠시 후 당신에게 공간이 넓게 열릴 것이다.

코치들을 위한 한마디

크로스 상황에서 수비수를 따돌리는 방법을 배우는 것은 공격수에게 중요한 기술인데, 페널티 박스 내의 공간은 골과 직결될 수 있는 지역이기 때문이다. 공격수는 득점에 성공하고 못하고가 흔히 몇 센티미터의 차이에 달려 있다는 점을 인식해야 한다. 흔히 공격수는 한두 걸음을 재빨리 달리는 척함으로써 수비수가 골문을 향한 달리기 시합에 빠지도록 유인할 수 있다.

23

골키퍼가 '마이 볼'이라고 할 때

다음은 우리 팀의 친선 경기에서 있었던 상황이다. 상대편 수비수 하나가 자기 페널티 에어리어 바로 앞쪽에서 아주 세게 볼을 걷어냈고 그 볼이 우리의 수비 라인 뒤쪽에 떨어졌다. 그러자 우리의 중앙 수비수가 우리 골문을 향해 몸을 돌려 볼을 쫓아가고 있고 상대편 공격수 하나가 바짝 뒤쫓는 상태였다. 동시에 우리 골키퍼가 볼을 걷어낼 작정으로 페널티 에어리어에서 달려 나오고 있었다. 우리 수비수가 볼을 측면으로 처리해 위협을 차단할 기회가 있던 순간, 골키퍼가 "마이 볼!(영어권에서 KEEPER!라고 한다.)"이라고 소리치자 수비수가 양보했다. 그런데 골키퍼가 다소 늦게 볼에 접근하는 바람에 걷어낸다고 찬 볼이 결국 달려드는 공격수에게 맞고 굴절되어 27m나 떨어진 골문으로 들어가 버렸다. 골을 내주게 된 책임이 우리에게 있었으므로 이 골은 우리 팀의 사기를 아주 꺾어버리고 말았다.

다음날 나는 우리 팀 수비수 전원과 만나 새로운 방침을 전달했다: 골키퍼가 여러분에게 "네 볼이야"라고 말하면 그건 당연히 여러분 볼이고, 골키퍼가 자기 볼이라고 말하더라도 그건 여러분의 볼이 될 수도 있고 골키퍼의 볼이 될 수도 있다.

수비수는 무엇보다도 자기 팀이 얼마나 많은 골을 허용하느냐에 의해 평가받는다. 당신에게 위협을 모면할 기회가 있으면 그렇게 하라. 골키퍼가 자기 말을 듣지 않았다고 화내는 것에 대해서는 걱정할 필요가 없다. 그건 중요하지 않기 때문이다. 스스로 처리할 수 있다는 점을 알면서 그것을 다른 누군가에게 맡기는 상황을 만들지 말아야 한다. 스스로 문제를 해결할 수 있으면 그것을 해결하라. 예절을 지키느라고 실점했다는 것은 타당한 변명거리가 못된다.

또한 볼이 자신의 페널티 에어리어로 크로스되는 경우에도 이러한 상황에 빠질 수 있다. 크로스되는 볼 밑에 자리를 잡고 그 볼을 헤더로 쳐낼 준비가 되어 있는 순간, 골키퍼가 "마이 볼!"이라고 소리 지르면 약 0.5초 사이에 결정을 내려야 한다. 골키퍼가 제때 튀어 나와서 편안하게 볼을 처리할 수 있다고 판단되면 양보하는 것이 좋다. 그러나 마음속으로 일말의 의심이라도 들고 자신이 문제를 해결할 수 있다면 그냥 스스로 그 볼을 처리하는 것이 맞다. 예절이 바르다고 경기에서 이기는 것은 아니다.

코치들을 위한 한마디

선수들은 골키퍼를 신성시하는 경향이 있고 흔히 골키퍼가 입을 열자마자 양보한다. 여러분은 수비수들에게 자신이 해결할 수 있는 문제는 자신이 해결하도록 설득해야 한다. 아주 좋은 기회를 상대편에게 헌납하고 승리하기를 기대할 수는 없다.

24

미리 5m를 달리면 나중에 50m를 달리지 않아도 된다

이것은 자기 팀이 하프라인 너머 공격 지역에서 볼의 소유권을 잃을 때 경기장 반대쪽의 윙이나 측면 미드필더에게 흔히 일어나는 상황이다. 상황을 단순화하기 위해, 가령 당신이 오른쪽 윙이고 우리 편 왼쪽 윙이 상대편 골문으로부터 27m 정도 되는 거리에서 막 볼의 소유권을 내줬다고 하자.

상대편이 공격 형태를 갖추기 시작하면서 당신은 상대편의 왼쪽 수비수를 추격하고 방어하는 책임을 맡게 될 가능성이 있다. 당신이 하는 행동에 따라 상대편 수비수의 행동이 거의 결정되기 때문에, 이제 당신이 어떻게 하느냐에 따라 50m 정도를 있는 힘을 다해 뛰어 내려와야 할 수도 있고 그럴 필요가 없어질 수도 있다.

공격으로의 전환이 일어나면 상대편의 왼쪽 수비수는 공격에 뛰어들어야 할지 말지를 결정해야 한다. 그의 결정은 주로 당신이 서 있는 위치에 의해 영향을 받게 된다. 당신이 그 수비수로부터 자신의 골문 쪽으로 재빨리 물러나 5m 정도의 완충 공간을 마련하면 그는 아마도 당신을 제치고 달려가 공격에 가담하려는 생각을 가지지 않을 것이다. 그러나 당신이 미리 그렇게 출발하지 않고 그가 당신보다 당신의 골문 쪽에 더 가까이 위치해 있다면 그는 틀림없이 자기 팀의 공격 대열에 합류할 것이다. 일단 그가 움직이기 시작하면 당신도 그와 함께 달려야 한다.

나는 축구장에 가서 선수를 선발할 때마다 선수들이 이러한 실수를 하는 모습을 본다. 역습 상황에서 윙은 즉시 탄탄한 수비 위치를 차지하여 상대편이 공격에 가담하려는 생각 자체를 포기하게 해야 하는데, 대부분 변화된 상황에 대한 적응이 매우 느린 반면 상대편의 측면 수비수는 대포에서 발사된 것처럼 쏜살같이 날아간다. 그렇게 되면 윙은 그 수비수를 따라잡기 위해 50m를 달려야 하는데, 최악의 경우에 역습에 참여한 그 수비수가 이미 당신 팀에 큰 피해를 입힌 다음일 수도 있다.

이 점을 명심하라: '미리 5m를 달리면 나중에 50m를 달리지 않아도 된다.' 즉 일찍 5m를 전력 질주하면 힘들게 50m를 전력 질주하는 수고를 면하게 된다. 다시 말해 미리 다소의 작업을 하면 잠시 후 많은 작업을 해야 하는 고통을 피하게 된다.

요컨대 당신이 일찌감치 적절한 위치를 차지하지 않으면 상대편은 고무되어 공격에 뛰어들 것이다. 상황은 바로 그렇게 되고 늘 그래왔다. 그러나 당신이 자신의 골문 쪽으로 위치를 선정해 다소의 완충 공간을 마련하면 그 왼쪽 수비수는 당신을 제치고 달리려는 데 아무 흥미도 느끼지 못할 것인데, 그가 그럴 수 없다는 점을 알기 때문이다. 그에겐 당신이 이미 마련해둔 5m의 여유를 극복하기가 벅찬 것이다. 당신이 탄탄한 위치를 선점함으로써 공격에 가담하려는 그의 의지가 꺾인 셈이다.

일찍 달려가 상대편을 50m나 뒤쫓아야 하는 곤경을 면해야 한다. 정말이지 미리 5m를 달리면 나중에 50m를 달리지 않아도 된다.

코치들을 위한 한마디

여러분의 팀에도 이러한 실수를 범하는 선수가 있다고 나는 확신한다. 그러한 선수에게 단숨에 이루어지는 수비 전환은 그럴 만한 가치가 있다는 점과 에너지는 방어적인 추격보다는 공격에 써야 더 가치가 있다는 점을 납득시켜야 한다.

25

공격수는 자기 팀이 걷어낸 볼을 책임져라

공격수들에게:

이러한 개념은 당신의 임무 가운데 정말로 중요한 부분인데도 아마 아직 누구도 설명해준 적이 없을 것이다. 중요한 점은 이것을 이해하고 실행하지 못하면 수비수들은 기진맥진하고 팀은 패배한다는 것이다.

어느 경기에서나 상대 공격수들이 골 에어리어 안팎에서 쉴 새 없이 온갖 유형의 공격을 퍼붓는 시점이 있기 마련이다. 마치 광란의 순간 같은 시간이다. 크로스가 날아오고, 슈팅이 날리고, 슈팅이 차단되면서 볼이 굴절되고, 온갖 압박과 혼란이 잇따르는 순간

말이다. 우리 팀에게 행운이 따른다면 수비수 중 하나가 볼을 경기장 위로 걷어낼 기회를 잡아 압박을 완화할 것이다. 이때 바로 그 다음에 벌어지는 상황에 따라 위협이 사라지느냐 혹은 다시 재개되느냐가 결정된다. 또한 그러한 상황에 따라 공격수로서 당신의 가치가 일정 부분 결정된다.

자기 수비수들이 공격을 막기 위해 허둥대는 모습을 넋 놓고 지켜보는 공격수가 너무 많다. 그때 수비수가 마법같이 걷어낸 볼이 오면 그런 공격수는 상대편 수비수에게 좋은 위치를 선점당하고 공격은 다시 시작된다.

자기 팀이 볼을 걷어낼 때마다 어김없이 그것을 차지하는 공격수는 단연코 팀의 보배이다. 집중력을 유지하는 능력(그러한 걷어내기를 예상하고 그 볼을 가장 먼저 차지하는 능력)과 팀을 위해 그 볼의 소유권을 지키는 능력은 압박을 벗어나는 데 중요한 요소이다. 이 임무에 능숙하지 않은 선수는 하루빨리 능숙해져야 한다.

자기 팀이 볼을 소유하고 있을 때에는 집중력을 유지하기가 쉽다. 그러나 수비수들이 집중 공격을 받을 때에는 당신이 하게 될 바로 다음 순간의 플레이가 매우 중요하다는 점을 명심해야 한다. 전개되는 플레이의 흐름을 잘 살펴보면서 집중력을 잃지 않도록 한다. 지난주에 넣었던 골을 회상하며 공상에 잠기면 누구에게도 아무 도움이 되지 않는다. 걷어낸 볼이 경기장 중간에 떨어지자마자 당신은 그 볼에 접근해서 소유권을 확보해야 한다. 그런 임무를 수행하는 것이 당신의 존재 이유이다.

코치들을 위한 한마디

자기 팀이 걷어낸 볼을 가장 먼저 차지하는 능력은 축구에서 가장 과소평가되고 가장 지도가 덜 되는 전술 개념이다. 너무 많은 공격수가 자기 임무에서 이 부분이 얼마나 중요한지 이해하지 못한다. 수비수가 볼을 걷어내는 시점은 상대편의 압박을 벗어날 기회이고 그건 정말로 중요하다. 어느 경기에서나 이 임무를 능숙하게 해내는 팀이 그렇지 못한 팀을 이기게 된다.

26

요령 있게 쉬어가라

코치들은 죽도록 뛰는 선수들을 아주 좋아한다. 어찌 그러지 않을 수 있는가! 희망컨대 당신이 쉼 없이 뛰는 대단한 산소 탱크라서 그 운동량 하나만으로도 경기의 흐름을 바꿀 수 있는 선수이길 바란다. 그렇다면 당신의 미래는 밝다.

그런데 명심해야 할 것은 지구력이란 면에서 우리는 한정된 연료 탱크로 플레이하고 있다는 점이다. 너무 강하게 너무 오래 몰아가면 결국은 연료가 바닥날 것이다. 완벽한 축구의 세계에서는 경기가 시작될 때부터 경기가 끝날 때까지 변함없이 열심히 달린 다음 정확히 종료 휘슬이 울릴 때 연료 탱크가 바닥난다. 그런데 그건 완벽한 세계에서나 가능한 일이다. 우리가 항상 그러한 세계에서 살지는 못하겠지만, 물론 시도는 할 수 있다.

머리를 써서 축구를 하는 선수는 경기 중에 잠깐잠깐 쉴 기회를 노려야 한다. 그러한 전략의 첫 관건은 바보같이 달리지 않는 것이다. 무슨 말인가 하면 지금 뒤쫓아 가고 있는 볼이 20m 앞에 있고 그것이 라인 밖으로 굴러갈 것이 확실하다면 그 볼을 쫓아 전력 질주해야 한다는 의무감에서 벗어나야 한다. 물론 라인을 넘어가기 전에 볼을 잡거나 거의 잡을 수 있을 정도면 힘껏 시도해야 할 것이다. 그러나 그것이 더 이상 현실적이지 않을 때에는 다리를 아껴야 한다.

자기 팀 동료가 찬 볼이 상대 골키퍼의 손으로 굴러갈 때에도 마찬가지이다. 당신이 도착하기도 전에 골키퍼가 막 볼을 집어 들게 된다면 미드필드에서부터 그 볼을 쫓아가봤자 아무 소용없다. 죽도록 달려 헛걸음을 하지 마라. 장렬한 죽음을 맞이하는 것과 바보 같은 죽음을 맞이하는 것은 전혀 별개이다. (다만 우리 팀이 지고 있다면 골키퍼가 지연작전을 쓰지 못하고 빨리 볼을 처리하도록 유도하기 위해 골키퍼에게로 달려가야 할 것이다.)

경기 중 교체 아웃될 때에는 팀이 지고 있거나 기타 긴급한 전술적 문제에 당면해 있지 않는 한, 올림픽 단거리 선수처럼 전력 질주해 경기장에서 나와야 한다는 의무감을 느끼지 마라. 그건 그저 에너지 낭비일 뿐이다. 대신 평범한 조깅을 해서 나오면 된다.

세트피스 상황은 다소의 쉴 기회를 줄 것이나, 그러한 상황에서 특히 상대 팀에게 경기 재개의 권한이 있을 경우에는 반드시 안전한 위치를 선점한 다음 숨을 돌려야 한다. 적절한 위치 선정을 마무리할 때까지는 휴식에 들어가면 안 된다. 그렇지 않으면 상대편의 재빠른 경기 재개에 의해 희생양이 될 것이다.

축구는 당신에게 쉴 기회를 그리 많이 주지 않으므로 그러한 순간들이 오면 활용해야 한다. 경기 전체를 소화하기 전에 연료 탱크가 바닥나서는 안 되기 때문이다.

코치들을 위한 한마디

여러분의 팀에서 다수의 선수가 산소 탱크를 효과적으로 유지하는 데 서투르다면 이것은 작은 문제가 아니다. 코치들은 모두 그러한 선수들을 아주 좋아하지만, 그들이 요령을 터득해서 체력을 안배하도록 가르쳐야 한다.

27

자기 동료를 죽일 셈인가?

우리 편 오른쪽 윙이 막 40~50m를 전력 질주하여 공격에 뛰어들었다. 그런데 공격이 실패하여 즉시 몸을 돌려 우리 골문 쪽으로 50m 이상을 전력 질주해 돌아와서 슬라이딩 태클로 상대편 공격수로부터 볼을 빼앗는 데 성공한다. 그 볼은 곧장 당신 쪽으로 굴러오고 당신은 다시 오른쪽 측면 위로 눈길을 확 끄는 열린 공간을 보게 된다. 그래서 그 오른쪽 윙의 20m 앞 공간으로 볼을 패스함으로써 그가 다시 다음 공격을 이끌 수 있게 한다. 이 장면에 대한 나의 질문은 이렇다: '당신은 자신의 동료를 죽일 셈인가?'

물론 그러한 플레이를 함으로써 실제로 그를 죽이지는 않을 것이다. 왜 죽지 않을까? 그가 그 볼을 소유하지 못할 것이기 때문이다. 그는 아마도 그 볼에 이르려는 시도도 제대로 못할 것이다. 왜 그런가? 그는 아주 지쳐 있기 때문이다. 그걸 어떻게 알 수 있는가? 왜냐하면 그가 등을 구부리고 양손을 무릎에 받친 채 서 있기 때문이다. 그는 지금 휴식이 필요하다.

경기의 전반적인 흐름에 어느 정도의 상식을 적용해야 한다. 당신은 팀 동료가 한바탕 집중적이고 힘든 플레이를 해냈다는 점을 고려하여 그가 숨을 고를 수 있는 시간을 몇 초라도 주어야 한다. 지적으로 명료한 판단을 내려 이러한 경우에는 우리 팀의 다른 선수에게 패스를 연결해야 한다. 오른쪽 측면으로 보내는 패스가 가장 정확한 선택이었을지라도 동료 선수가 거기로 달려갈 수 없다면 그건 쓸모없는 패스이다.

코치들을 위한 한마디

이러한 유형의 상황은 훈련 상황(경기장 전체를 사용하는 연습이든 볼 소유 연습이든)에서 얼마든지 발생할 수 있다. 그러한 상황이 일어나는 것을 보면 연습을 중단하고 즉시 그것을 모든 선수에게 설명하는 것이 좋다. 이는 선수 하나하나를 대상으로 가르쳐주어야 할 필요가 없는 상황들 중 하나이다. 어떤 선수가 유난히 힘을 쏟아부어서 좋은 플레이를 해냈을 때에는 몇 초간이라도 휴식을 취하게 하여 보상을 제공하는 것이 좋다.

28

집중적으로 에너지를 쏟아 부어야 할 순간

축구는 일정한 페이스로 할 수 없는 경기이다. 당면한 상황에 따라 끊임없이 페이스를 조절해야 하기 때문이다. 제26장에서는 연료 탱크의 연료를 아껴야 할 시점들을 논의하였는데, 이번에는 연료를 아낌없이 태우기에 아주 좋은 시점에 대해 말할 것이다.

우선 축구에서 상정하는 간단한 전제를 소개하자면, 볼의 소유권을 되찾아야 하는 최적의 시점은 볼을 빼앗긴 직후 5초간이라는 것이다. 왜 그런가? 우리 편이 볼을 소유하고 있는 동안에 상대편은 수비 형태를 취하고 있으므로 작은 지역에 밀집해 있다. 그리고 볼을 빼앗은 직후에도 그 선수들은 여전히 수비 형태를 벗어나지 못하게 된다. 바로 이때 상대편이 흩어지면서 공격 형태로 전환하는 기회를 잡기 전에 즉시 볼을 압박해야 한다. 압박이 더 빠를수록 볼을 다시 따내고 또 빨리 따낼 가능성이 더 높아진다.

이제 위와 같은 전제를 한 단계 더 진전시켜 보자. 볼을 빼앗겼을 때 상대편 골문에 더 가까울수록 상대편은 더 밀집되어 있을 것이고 그들이 공격 형태로 전환하는 데 더 많은 시간이 걸릴 것이다. 그러므로 볼을 내주었을 때 그들의 골문에 더 가까울수록 당신과 팀 동료들은 볼에 즉각적인 압박을 가하기 위해 더 많은 노력을 기울여야 한다.

상대편의 페널티 에어리어 안에서 공격이 좌절될 경우에 우리는 대개 2가지 실수를 범한다. 첫째, 잠시 불운에 한숨을 지은 다음에야 볼에 대한 압박을 시작한다는 것이다. 둘째, 그러한 압박을 가할 때 최선에 못 미치는 수준으로 압박한다는 것이다. 이 2가지는 큰 실수이다.

다음을 명심하라: 상대편의 페널티 에어리어 안이나 근처에서 볼을 빼앗길 때가 격렬한 에너지를 쏟아 붇고 연료를 태울 시점인데, 당신의 팀이 볼을 당장 되찾을 황금 같은 기회를 갖기 때문이다.

나는 분명히 '당신'이 아니라 '당신의 팀'이 황금 같은 기회를 갖는다고 말했다. 많은 경우에 선수는 상대편이 압박을 가할 수 있는 범위 안에 있다는 생각이 들지 않는 한 상대편을 압박하는 데 완전한 노력을 기울이지 않는다. 자, 이 장면은 경기의 흐름을 바꿀 수도 있는 매우 중요한 상황이므로 좀 더 자세히 설명하겠다.

이와 같은 시나리오에서 빼앗긴 볼이 상대편 선수의 발에 머물고 있을 때 그 선수의 선택은 대개 제한되어 있다. 그가 볼을 더 오래 소유할수록 그 선택은 실현 가능성이 더 커진다. 1초 1초가 흘러갈수록 그의 성공 가능성은 커진다. 당신에게 가능한 최악의 결과는 방금 볼을 빼앗은 그 상대편이 깔끔한 패스나 걷어내기를 하는 경우이다.

즉각적인 압박을 가해야 한다고 해서 꼭 그로부터 볼을 태클해 빼앗으라는 것은 아니다. 당신의 목적은 상대편이 팀 동료에게 깔끔한 패스를 연결하지 못하도록 하는 것이다. 압박하기 위해 당신이 하는 노력은 꼭 당신이 볼을 따내기 위한 것은 아니며, 그런 노력을 기울이면 당신의 뒤편에 있는 팀 동료의 하나가 볼을 따낼 가능성이 높아진다. 이 때문에 당신이 제때 도달하여 태클을 가하지 못할 것이라고 확신할지라도 이러한 상황에서는 액셀러레이터를 밟아 얼마간 연료를 태우는 것이 좋다. 압박의 목적은 상대편이 이상적인 수준에 못 미치는 볼을 차게 만드는 것이다. 물론 볼을 직접 태클하는 것이 최선의 가능한 결과일 수도 있으나, 그렇게 하지 못하더라도 당신의 노력은 여전히 소중한 아차상은 받을 수 있다. 즉 상대편의 엔드라인 깊숙이 침투해 있는 당신의 팀에게 볼의 소유권을 안기게 될 것이기 때문이다. 페널티 에어리어 안에서 지속적인 압박을 가하는 일을 효과적으로 해내는 팀은 많은 골을 넣는다.

당신이 위와 같은 상황에 놓여 있을 때에는 다음과 같은 열 걸음(9m) 규칙을 기억하도록 하라: 당신이 볼에서 열 걸음 이내에 있을 경우에는 앞뒤 생각하지 말고 그 볼을 쫓아라. 온힘을 다해 그 볼을 쫓아라. 연료를 태우고 상대편에게 도전하여 그가 최대의 압박을 받으며 플레이하게 하면 많은 경우에 그는 볼을 제대로 처리할 수 없을 것이다. 상대편 진영에 깊숙이 침투해 있을 때에는 수비의 원칙이나 팀 형태의 원칙에 대해 걱정할 필요가 없다. 그저 광란의 질주를 해서 볼을 쫓아야 한다. 이때는 고도의 전술에 대해 걱정할 시점이 아니라 야생마처럼 부산히 움직이고 널리 공포심을 조성할 시점이다. 당신은 볼을 태클할 수도 있고 걷어내려는 볼을 차단할 수도 있다. 아니면 상대편이 균형을 잃은 상태에서 볼을 걷어내게 해서 그가 결코 볼을 순조롭게 처리하지 못하도록 할 수도 있다. 당신이 적기에 얼마간의 에너지를 쏟아 붓는다면 온갖 멋진 상황이 일어날 수 있다.

내가 당신에게 당부하는 이러한 노력에는 '남을 배려하는 마음'이 필요하다. 나는 타이밍이 늦어서 볼을 태클하지 못할 것이라는 점을 알면서도 온힘을 다해 압박하라고 강조하고 있는데, 그렇게 하면 팀 동료에게 볼을 따낼 더 좋은 기회가 생길 수도 있기 때문이다. 그리고 분명히 밝혀두지만 내가 실제로 여기에서 당부하는 것은 약 3초간의 총력을 기울인 전력 질주이다. 그건 그럴 만한 가치가 없어 보일지도 모르나, 그렇지 않다. 이에 대해서는 내 말을 믿도록 하라. 그건 절대적으로 그럴 만한 가치가 있다.

코치들을 위한 한마디

선수는 결코 재능이 없어도 여전히 볼을 효과적으로 압박할 수 있다. 이러한 철학을 납득시키는 비결은 '남을 배려하는 마음'이란 말에 있다. 당신의 선수들에게 그들이 하는 노력은 경기의 흐름을 지배하는 큰 그림에서의 보상을 위한 것이라고 확신시키면 위와 같은 철학을 믿게 할 수 있다. 볼이 상대편의 페널티 에어리어에 있을 때 선수의 주요 목적은 물론 득점하는 것이다. 즉각적인 득점 전망이 사라질 때 다음 목적은 상대편이 깔끔하게 빠져나오는 패스를 못하게 하는 것이어야 한다. 그러한 패스를 차단함으로써 제2, 제3의 기회를 많이 만들 수 있다.

29

일찍 가속을 붙여라

계속해서 압박이란 주제를 다루도록 하자. 하나의 시나리오를 제시하겠는데, 다시금 당신은 공격수이다.

하프라인 너머 중앙에 있는 상대편 중앙 수비수가 측면 수비수에게 패스를 하고 당신이 그를 압박하기 위해 이동한다. 당신은 그 볼을 추적해 85% 페이스의 빠른 걸음으로 따라간다. 측면 수비수가 볼을 터치하여 막 발을 디뎌 패스하려 하는 순간 당신은 그 패스를 막거나 방해하기 위해 갑자기 전력 질주를 시도한다. 그리고 당신이 도착하는 순간 볼은 그의 발을 떠난다. 당신의 전력 질주는 아무 소득이 없었다.

에너지를 쏟아 부을 시점을 잘 골라야 하며, 매 시점이 압박을 위한 전력 질주에 좋은 시점은 아니다. 나도 그 점을 이해한다. 당신이 이해해야 하는 것은 빠른 걸음으로 목표 지점에 거의 갔다면 아마 전력으로 질주했었다면 거기에 충분히 갔었을 것이라는 점이다.

위와 같은 상황에서 전력 질주를 하는 시점은 상대편이 이미 볼을 받은 때가 아니라 볼이 그에게로 향해 이동 중일 때이다.

당신은 타이밍에 맞게 뛰어가서 상대 선수로부터 볼을 빼앗을 수 있는가? 때로는 성공하겠지만 항상 그렇지는 않을 것이다. 그러나 내가 보는 관점은 이렇다. 볼이 패스되어 측면 수비수의 발 앞에 도착했을 때 그에게는 최선의 대안 1에서부터 차선의 대안 2와 그 다음의 대안 3까지 여러 대안이 있을 것이다. 내가 빨리 움직임으로써 그에게서 최선의 대안 1을 제거할 수 있다면 나는 뭔가를 성취한 것이다. 그렇게 움직여서 그에게서 최선 및 차선의 대안 2가지를 제거한다면 나는 한층 더 많이 성취한 것이다. 물론 내게 최선의 가능한 결과는 그의 볼을 빼앗는 것이며, 이 때문에 당신은 다음을 명심해야 한다.

압박 하에 볼을 받는 것은 이미 트래핑이 된 볼을 처리하는 것보다 훨씬 더 골치 아픈 일이다. 합리적인 상황에서 당신의 목적은 언제나 그 상대편에게 도전해 그가 압박을 받는 상태에서 첫 볼 터치를 하도록 만드는 것이어야 한다. 그의 기술적 능력에 도전하라. 그에게 도전하여 압박 하에 볼을 처리하게 하라. 그가 어디로 볼을 효과적으로 처리할 수 있는지 생각하게 하는 대신 볼을 받는 것 자체에 급급하게 만들라. 화물열차가 자신에게 들이닥칠 때 볼 컨트롤에 대해 생각하는 것은 그를 매우 불안하게 할 수 있다. 그가 도전에 대응할 준비가 되어 있지 않으면 당신은 그에게 달려들어 첫 볼 터치가 완벽하게 이루어지지 못하도록 유도할 수 있다.

몇몇 시각적 단서를 인식해 나쁜 첫 볼 터치를 예측할 수 있는데, 아주 좋은 것을 제시하면 이렇다: '상대편이 막 받으려는 볼이 더 어려울수록 그의 첫 볼 터치가 나쁠 가능성이 더 많다.' 그가 막 받으려는 볼이 상당한 속도로 튀어 오게 되면 그가 깔끔한 첫 볼 터치를 수행하는 데 곤란을 겪을 가능성이 꽤 높다. 경기장의 상태가 특히 울퉁불퉁한 경우나 볼이 상당히 휜 채 공중 볼로 오는 경우에도 마찬가지이다. 상대편이 볼을 받기가 무척 힘들 것이라는 점을 인식하자마자 즉시 속도를 높이고 달려들어 나쁜 첫 볼 터치를 유도할 기회를 모색해야 한다.

그렇게 상대편의 첫 볼 터치가 좋지 않을 경우에 그에게 궁지에서 벗어날 기회를 주어서는 안 된다. 이때는 수비하면서 인내심을 보일 시점이 아니라 모험을 해서 볼을 추격할 시점이다. 그가 첫 터치로 볼을 컨트롤할 수 없을 경우에 그에게 두 번째 기회를 주지 않도록 한다.

코치들을 위한 한마디

이러한 개념은 이전 장과 맥을 같이 한다. 선수들은 자신의 에너지를 쏟기에 좋은 시점이 언제인지를 인식해야 한다. 이와 같은 계산된 도박은 큰 결실을 볼 수 있다. 모험을 해서 자신의 에너지를 쏟아 부을 좋은 시점을 인식하지 못해 상대편 선수가 나쁜 첫 볼 터치를 하고도 문제없이 넘어가는 모습을 보는 것보다 더 좌절을 안기는 경우는 없다.

30

한 명이 나서면 모두 합세하라

이전 장에서는 볼을 압박할 수 있는 선수의 역할을 논의했다. 이제 당신이 그의 팀 동료들 중 하나라고 가정하자.

선수의 관점에서, 자신이 상대편 선수에게 압박을 가하기 위해 죽도록 뛰었는데도 결국 그가 압박을 극복하고 압박을 전혀 받지 않는 그의 팀 동료들 중 하나에게 패스하는 모습을 지켜보는 것보다 더 좌절을 안기는 경우는 없다. 그건 그야말로 고통스럽다.

선수가 볼을 압박하는 노력을 기울일 때에는 남을 배려하는 마음이 필요하다고 내가 말한 것을 기억하는가? 볼을 압박하는 선수가, 그러한 힘든 노력을 활용하기 위해 그의 뒤편에 자리한 팀 동료들에게 의지할 수 있는 경우에는 남을 배려하기가 훨씬 더 쉽다. 그럴 수 없는 경우에는 압박하는 노력을 기울이는 것이 한층 덜 만족스럽다. 솔직히 말해 짜증난다.

팀 동료가 볼을 압박하기 위해 힘들게 노력하는 모습을 보게 되면 당신은 그가 막 유도할 완벽하지 못한 패스를 활용하기 위해 마찬가지로 열심히 노력해야 한다. 이러한 상황에서 당신이 기억해야 하는 것은 '한 명이 나서면 모두 합세하라!'란 말뿐이다.

당신의 팀 동료가 압박하기 위해 힘들게 노력하고 있으면 그와 합세하라. 다음 패스를 받을 위치에 있는 상대편 선수들과의 공간을 좁혀 그와 합세하라. 수수방관함으로써 그들이 활개치게 해서는 안 된다. 그저 가만히 서서 당신의 팀 동료가 얼마나 열심히 노력하고 있는지를 감탄만 해서는 안 된다. 다음 패스를 예측해 관여하라. 당신이 단 한 걸음이라도 늦으면 상대편이 압박을 벗어날 기회를 가질 것이고, 그러면 팀 동료의 힘든 노력은 모두 수포로 돌아간다. 그렇게 되면 그는 허탈할 것이다.

당신의 팀 동료들은 상대편을 압박하기 위한 추가적인 노력을 그리 오래 기울이지 않을 것이다. 남을 배려하는 자신들의 노력에 보상이 따르지 않으면 그들은 곧 그런 노력을 포기할 것이고, 그로 인해 당신의 팀은 타격을 받을 것이다. 당신의 친구가 필사적으로 압박하는 모습을 그냥 지켜보지만 말고 싸움에 합세하라. 압박은 팀플레이이지 개인플레이가 아니다.

코치들을 위한 한마디

적진 깊숙이에서 압박을 하도록 훈련시킬 때 내가 가장 좋아하는 게임의 하나는 10 대 10 볼 소유 게임으로, 이쪽 페널티 에어리어에서 저쪽 페널티 에어리어까지 경기장의 전 지역을 활용한다. 우리는 양 팀을 4-3-3 또는 4-4-2 포메이션 등으로 배치한다. 선수가 경기장의 상대편 절반 지역으로 원터치 패스를 연결할 때마다 1점이 주어진다. 이러한 득점 방식은 선수들에게 볼을 경기장의 상대편 절반 지역으로 유지하려는 강한 유인을 제공하며, 그렇게 하려면 선수들은 일단 볼 소유권을 잃으면 신속히 압박해야 한다. 이와 같은 게임은 볼을 압박하는 선수뿐만 아니라 모든 선수의 합치된 노력을 요한다.

31

팀 동료에게 보답하라

여러분이 이번 장에서 소개하는 글을 읽기 전에 나의 축구 인생에서 아무도 나를 게으르다고 말한 적이 결코 한 번도 없다는 점을 알아주었으면 좋겠다. 나는 매사에 일벌레였다. 투명한 양심을 걸고 말하건대 나는 뼈 빠지게 일했다. 무슨 말인지 알겠는가? 좋다. 그럼 계속 읽어도 좋다.

나에게는 볼을 소유하면 단연코 놀라운 볼 터치 기술을 보였던 대학 팀 동료가 있었다. 농담이 아니다. 이 친구는 정말로 환상적이었다. 나는 그의 플레이를 지켜보는 것을 정말 좋아했다. 그는 볼을 가지고 다른 누구도 할 수 없는 것들을 할 수 있었다. 문제는 그가 거의 패스를 안 하기 때문에 아마도 팀 동료들의 기분을 상하게 한다는 것이었다. 우리는 경기가 있을 때 경기장에 볼이 2개, 즉 이 친구를 위한 볼 1개와 기타 모든 선수를 위한 볼 1개가 있어야 한다고 농담을 하곤 했다. 그는 재능이 있었을지라도, 때로 그의 팀 동료가 되는 것은 상당한 좌절감을 주는 경험이었다.

한 경기에서 그가 미드필드에서 상대편 선수들을 드리블로 따돌리고 헤집으며 나아가려 하고 있었다. 그가 이러한 대결을 하고 있을 때 나는 그에게 패스 공간을 열어주기 위해 이리저리 전력 질주하면서 죽도록 뛰고 있었다. 매번 내가 좋은 공간으로 침투해 볼을 요구할 때마다 그는 나를 쳐다보고도 계속해서 솔로 아티스트로서 자신의 운을 시험해보는 결정을 내리곤 했다. 나는 그가 이러한 밀착 상황에서 빠져나오기 위해 내게 볼을 쉽게 패스할 수 있었을 위치에 3번이나 침투했다. 3번이나 그는 내게 볼을 패스하지 않기로 결정했다. 3번이나!

그가 마침내 볼을 빼앗겼을 때 나는 그의 바로 뒤 5m 거리에 있었다. 이는 우리 둘 사이에 벌어진 다수의 비슷한 사건들에 이어진 또 하나의 사건이었으므로, 나는 질려버렸다. 그래서 상대 선수가 혼잡 상황에서 빠져나와 곧장 내가 있는 방향으로 드리블해왔을 때, 나는 황소를 피하는 투우사처럼 태연히 옆으로 비켜서서 그에게 우리의 골문 쪽을 가리켰다.

도저히 믿기지 않는다는 표정이 내 팀 동료의 얼굴에 감돌았다. 그는 내가 실제로 상대편에게 길을 비켜주었다는 점을 믿을 수 없었다. 나는 내 나름의 표정으로 '미안하지만 난 내 할 일을 했어. 저건 네 문제지 내 문제가 아니야'라는 뜻을 비췄다. 그러자 내 팀 동료는 상대편을 쫓아갔다.

나는 내 팀 동료가 자신의 문제를 해결하도록 돕기 위해 부단히 애썼다. 그는 내 노력에 보답하지 않기로 결정하였고 나는 내가 그것에 대해 불쾌해한다는 점을 그가 알길 원했다. 그건 너무 주제넘은 행동이었을까? 물론이다. 그럼 왜 내가 그런 행동을 하였을까? 나는 인간이고 인간은 자신의 노력에 대해 보상받기를 원하기 때문이다. 우리는 그처럼 우스꽝스러운 존재이다.

대학 1학년이었을 때 나는 경기장의 중간 1/3 지역에서 볼을 갖고 있었고 내 팀 동료의 하나가 나를 지원하기 위해 40m의 오버래핑을 했다. 나는 단박에 그를 무시하고 볼을 다른 누군가에게 패스했다. 코치는 오버래핑을 한 팀 동료가 날 위해 계속 그렇게 열심히 노력해주기를 기대하였다면 패스로 그에게 보답하는 게 좋았을 것이라고 말해주었다. 나는 나의 코치가 정곡을 찔렀다고 생각했다.

당신의 팀 동료들은 인간이라 인간적으로 행동할 것이다. 그들은 보상받는 행동을 반복할 가능성이 많으며, 아무 보상을 얻지 못하는 행동은 반복할 가능성이 적고 특히 힘든 노력을 요하는 경우에 더 그렇다. 축구를 할 때 모든 사람이 가장 좋아하는 부분은 볼을 터치하는 것이라는 점을 이해해야 한다. 팀 동료가 당신을 위해 열심히 노력하면 그에게 볼을 패스함으로써 당신이 그의 노력에 감사한다는 점을 보여주어야 한다. 그가 계속해서 당신을 위해 열심히 노력하는 데 필요로 하는 것은 그러한 격려뿐이다. 반면 당신이 계속 그에게 보답하지 않은 채 지내면 그는 그러한 힘든 노력의 수행을 멈출 것이다.

코치들을 위한 한마디

보상받지 못하는 긴 달리기인 경우에, 측면 수비수가 둔감한 팀 동료의 가장 흔한 희생양이다. 당신의 팀에 질주해 전진하기를 아주 좋아하는(그러면서도 그 후 수비하기 위해 전력 질주해 되돌아오는 면도 소홀히 하지 않는) 측면 수비수가 있다면 당신은 보배를 가진 셈이다. 그의 팀 동료들이 주기적으로 그의 힘든 노력에 보답하도록 하라. 그가 정말로 원하는 것은 볼을 터치하는 기회일 뿐이다.

32

왜 올림픽 단거리 선수는 축구공을 드리블 하지 않는가?

다음 상황을 보자: 볼이 당신 팀의 수비 1/3 지역에 있다. 당신은 (어느 포지션이든 상관없지만) 중앙 공격수이고 하프라인을 따라 늘어선 상대편 수비 라인의 압박을 받고 있다. 우리 편 오른쪽 수비수가 크게 걷어낸 볼이 갑자기 당신의 발로 오고 첫 볼 터치로 상대편 중앙 수비수들의 뒤 공간으로 가서 질주할 기회가 생겼다. 그러면 그 볼 터치는 얼마나 길어야 할까?

나는 당신이 선수로서 성장하는 과정에서 언젠가 축구공 없이 달리는 것이 축구공을 드리블하고 달리는 것보다 더 빠르다는 사실을 설명해준 코치가 있었기를 진심으로 바란다. 이 때문에 우사인 볼트는 세계 신기록을 경신할 때 축구공을 드리블하지 않는다. 그가 발 앞에 축구공을 놓고 50m 질주를 시도한다면 그의 주파 시간은 훨씬 더 느려질 것이며, 사실 1등으로 결승선을 통과하지 못할 것이다. 여기까지 내 말이 이해되는가? '당신은 축구공을 드리블하지 않는 경우에 더 빨리 달릴 수 있다!'

열려 있는 공간에서 볼을 몰고 달릴 기회가 있다면 당신은 가능한 한 빨리 달리고자 할 것이다. 볼을 앞으로 밀기 위해 달리는 보폭을 조정할 때마다 당신은 느려진다. 따라서 볼 컨트롤을 유지할 수 있는 한도 내에서 가능한 한 가장 길게 볼 터치를 함으로써 되도록이면 볼 터치를 가장 적게 하는 것을 목표로 해야 한다. 그러므로 가능하다면 언제나 10m 볼 터치가 5m 볼 터치보다 좋고, 15m 터치가 10m 터치보다 더 좋다. 볼을 터치해야 하는 횟수가 적을수록 당신은 더 빨리 전진할 것이다. 여전히 내 말을 알겠는가?

위에서 설명한 상황으로 되돌아가 당신의 첫 볼 터치가 10m로 수비수들의 뒤 공간으로 가게 해줄 정도로 길었다고 가정하자. 이제 당신은 상대편 골문으로 달려가지만 뚜렷이 불리한 입장에 있는데, 수비수가 최고의 속도로 따라오기 때문이다. 왜 그런가? 그는 볼을 드리블할 필요가 없기 때문이다. 그러나 당신은 볼을 드리블해야 한다. 그러면 어떻게 수비수의 유리한 입장을 무력화할 수 있는가? 가능한 한 볼 터치를 적게 하면 된다. 그리고 한 번의 20m 볼 터치는 두 번의 10m 터치보다 더 좋고 더 빠르다.

나는 축구장에 가서 선수들을 선발할 때 다음과 같은 상황을 늘 본다. 공격수가 한 번의 긴 볼 터치로 수비수 전체의 뒤 공간으로 자리할 기회가 있는데도 세 걸음마다 볼을 터치하며, 이에 따라 수비수들은 곧장 복귀해 골문 쪽에 위치할 기회를 얻는다. 볼에 너무 애착을 가져 볼이 자신으로부터 1m 이상 떨어지게 하는 것을 두려워하지 마라. 당신의 앞쪽에 열린 공간이 있으면 과감해야 한다. 그 공간을 약간의 긴 볼 터치들로 공략하여 최고의 속도를 유지하라. 더 길수록 더 좋다.

볼을 가지고 놀 시점이 있는가 하면 볼을 그저 자신의 앞쪽으로 쳐내고 달려가야 하는 시점이 있다. 이러한 순간들을 혼동하면 당신은 시간을, 보다 중요하게는 기회를 허비하게 된다.

코치들을 위한 한마디

이 점을 이해시키려면, 팀에서 가장 빠른 선수를 느린 선수들 중 하나와 30m 경주를 하게 하되 그 빠른 선수가 볼을 드리블하고 최소한 5번의 볼 터치를 하게 한다. 이를 팀 전체가 보는 앞에서 한다. 느린 선수가 너무 느려 경주에서 이길 수 없는 상황이 되지 않도록 한다. 또한 선수들이 발의 아웃사이드로 속도를 내서 드리블하는 방법을 알도록 한다. 발의 바깥쪽 면을 사용해야 선수들이 달릴 때 자연스런 보폭을 유지하는 데 가장 도움이 된다. 발의 인사이드로 속도를 내서 드리블하려는 선수는 아무에게서도 달아나지 못할 것이다.

33

일찍 태클해야 할 때

많은 코치가 수비할 때에는 인내심을 가지라고 가르친다. 우리는 선수들에게 상대편 공격수를 지연시키고, 한쪽 방향으로 몰아가며, 예측 가능한 플레이를 하게 유도하면서 동료들의 지원을 기다리라고 가르친다. 우리는 그들에게 무리한 행동을 하지 말라고 상기시킨다. 이는 모두 좋은 조언이고 대부분의 경우에 그렇다. 자, 이제 예외를 하나 소개하겠다.

때로 당신은 스피드가 엄청난 상대편 선수와 맞대결을 펼치게 되는데, 그런 선수일수록 스피드를 이용하는 방법을 잘 안다. 그에 맞서 달리기 시합에서 이길 수 없다는 점을 안다면 '그가 플레이 상황을 달리기 시합으로 전환하도록 내버려둬서는 안 된다.' 상대편 선수가 속도 면에서 당신보다 한수 위인 점이 분명하다면 그가 속도를 점차 높이도록 방치하지 말아야 한다. 태클이 가능할 정도로 거리가 가까우면 '일찍 태클해야 한다.' 그가 균형과 자세를 잡고 나서 당신의 능력을 추산하고 달려가기 시작할 기회를 갖기 전에 태클하라. 왜 그런가? 그가 일단 출발하고 나면 당신에게 그와 경쟁할 기회가 아예 없어질지도 모르기 때문이다. 달리기 경주가 시작되어 10m 이내에 그를 따라잡을 수 없을 것 같으면 일찍 승부를 거는 편이 낫다.

주변 상황을 정확히 감지하지 못한 채 넋을 잃고 축구 경기에 휩쓸려서는 안 된다. 경기가 진행됨에 따라 상대편에 대해 알아가고 그의 강점과 약점을 분류해야 하며, 그에 맞서 일 대 일 싸움에서 이기기 위해 가능한 한 최선의 위치를 차지하는 방법을 파악해야 한다. 위에서 설명한 경우와 같은 상황에서 일찍 태클하는 것은 당신이 감행해야 할 계산된 모험이다. 일단 일찍 태클하기로 판단이 서면 전심전력을 다하여 태클을 수행해야 한다.

코치들을 위한 한마디

이는 아마도 코치가 선수보다 먼저 알아챌 수 있는 전술적인 상황들 중 하나일 것이다. 그러한 조기 태클을 수행할 때에는 강하게 그리고 빠르게 들어가 플레이를 무력화해야 한다는 점을 상기해야 한다. 도박을 하려면 올인을 해야 한다.

34

골키퍼에 대한 조언 하나 더

골키퍼에게:

여러분이 해야 하는 한 가지 유일한 일은 자기 팀이 경기에서 이길 기회를 주는 것이다. 그렇게 하려면 슈팅을 막고 크로스를 잡아내는 등의 임무를 수행해야 한다. 그리고 무엇보다도 골문을 지키는 책임을 맡고 있다. 그걸 잊지 말아야 한다. 또한 자발적으로 상대편에게 골문을 위협할 기회를 주지 말아야 한다.

물론 여러분은 이미 이런 것을 알고 있다. 그러면 왜 내가 굳이 이 장을 할애하여 다시 설명하고 있겠는가?

골키퍼들은 선수로 성장하면서 펀트킥을 효과적으로 차기 위해서는 딛는 발을 가능한 한 페널티 에어리어 라인 가까이로 가져가야 한다는 결론을 내린다. 그런데 선수도 심판도 완벽하지는 않기 때문에 어쩌다가 한 번 골키퍼가 펀트킥을 차면서 페널티 박스 바깥으로 발을 디디게 되고 심판이 휘슬을 불게 된다. 이때 나오는 유일한 질문은 도대체 '왜 그런 짓을 하는가?'라는 것이다.

페널티 에어리어 너머로 딛는 발을 놓는 것은 용납할 수 없는 실수이다. 그러니 그러한 실수를 범해서는 안 된다. 그리고 심판이 골키퍼가 그런 실수를 범했다고 생각할 기회를 아예 주지 말아야 한다. 왜냐하면 솔직히 말해서 심판도 완벽하지 않기 때문이다. 골키퍼들이 자문해보아야 할 질문은 "그것(페널티 에어리어 라인에 바짝 다가가서 펀트킥을 차는 것)이 정말로 그럴 만한 가치가 있는가?"라는 것이다.

가령 골키퍼가 펀트킥을 찼는데 페널티 에어리어 라인 안쪽에 바짝 붙었다고 하자. 당신의 발을 떠난 볼은 하프라인에 이르게 된다. 그러나 당신이 페널티 에어리어 라인에 30cm 못 미치는 지점에서 펀트킥을 차면 볼은 하프라인에 30cm 못 미치는 지점에 떨어질 것이다. 이것은 별로 큰 차이가 아니지 않은가? 그러니 왜 그런 모험을 하는가? 왜 심판에게 오심을 내릴 빌미를 제공하는가? 30cm를 더 나가 차는 것이 페널티 박스 바로 위에서 상대편에게 프리킥을 내줄 만한 가치가 있는가(옐로우 카드도 당연히 받게 될 것이다)? 물론 그럴 만한 가치가 없다.

이러한 상황을 바꾸어 말해보자. 가령 당신이 페널티 에어리어 라인 너머로 발을 디뎠다고 심판이 휘슬을 불고 누군가가 마침 그 경기를 비디오테이프에 담고 있었다고 하자. 그런데 그 비디오테이프가 의심의 여지없이 사실은 당신이 반칙을 하지 않았음을 보여주었다고 하자. 그렇게 되면 당신의 코치와 팀 동료들이 당신에게 가졌던 비난과 원망을 접고 당신은 안도의 한숨을 내쉬겠는가? 결코 그렇지 않을 것이다. 오심을 유발한 것은 결국 당신이니까.

『축구 지능』에서 나는 골키퍼가 경기의 리드를 지키기 위해 볼을 6초 이상 잡고 있어서는 안 된다고 언급했는데, 심판이 경기 지연으로 판단하여 반칙 휘슬을 불어 매우 위험한 지점에서 상대 팀에게 프리킥을 부여하는 경우가 있기 때문이다. 이러한 행위에 대해 심판이 얼마나 자주 반칙 휘슬을 부는가? 거의 없다. 거의. 그러나 절대로 없는 것은 아니다. 2012년 여름에 위의 책을 출간한 지 몇 주 후 미국 여자 국가대표 팀이 올림픽 준결승에서 캐나다 팀에게 지고 있었다. 마지막 10분을 남기고 2 대 1로 리드하고 있자 캐나다 팀의 골키퍼가 바로 위와 같은 반칙을 범해 심판이 휘슬을 불었다. 그에 따른 프리킥이 다시 캐나다 팀에 대한 페널티킥으로 이어졌다. 미국 팀은 그 플레이에서 동점골을 넣은 다음 연장전에서 승리를 거두었다. 그리고 세계가 격분했다. 적어도 캐나다는 그랬다.

페널티 박스 바깥으로 발을 디디는 경우도 마찬가지이다. 이러한 경우에 심판은 거의 휘슬을 불지 않으나, 절대로 그런 것은 아니다. 그러니 왜 모험을 하는가? 왜 자기 팀을 그러한 상황에 빠트리는 위험을 감수하는가? 펀트킥을 찰 때에는 30cm 뒤에서 차라. 30cm 더 앞에 나가서 차는 것이 무슨 대수인가!

코치들을 위한 한마디

캐나다 팀에 대해 심판이 휘슬을 불었을 때 모든 사람이 이구동성으로 그런 식의 시간 지연에 대해 골키퍼에게 심판이 휘슬을 분 경우는 결코 본 적이 없다고 말하던 것을 기억하는가? 글쎄. 2011년 봄에 우리 조지아 대학교 팀은 미국 여자프로축구(WPS)의 애틀랜타 비트(Atlanta Beat) 팀과 친선 경기를 가졌다. 후반전 후반에 비트의 골키퍼가 이와 동일한 반칙을 범해 심판이 휘슬을 불었다. 그렇다. 그런 경우는 정말 일어난다. 흥미롭게도 그 친선 경기에 참가한 3명의 선수가 그 논란 많은 2012년 올림픽 경기에도 출전하였는데, 2명이 미국 선수이고 1명이 캐나다 선수였다.

35

불가능한 패스(2)

『축구 지능』에서 나는 불가능한 패스를 '요구'하지 말라고 했다. 이번에는 불가능한 패스를 '시도'하지 말라는 설명을 하고자 한다.

다음 그림에서 중앙 공격수가 미드필드에서 볼을 받았고 상대편 수비수를 등진 채 자기 골문을 향해 있다. 이때 오른쪽 윙이 중앙 공격수 아래에서 지원하지 않고 쏜살같이 그를 지나쳐 달려가면서 볼을 달라고 소리친다. 이 시점에서 중앙 공격수에게는 3가지의 기본적인 선택이 있다.

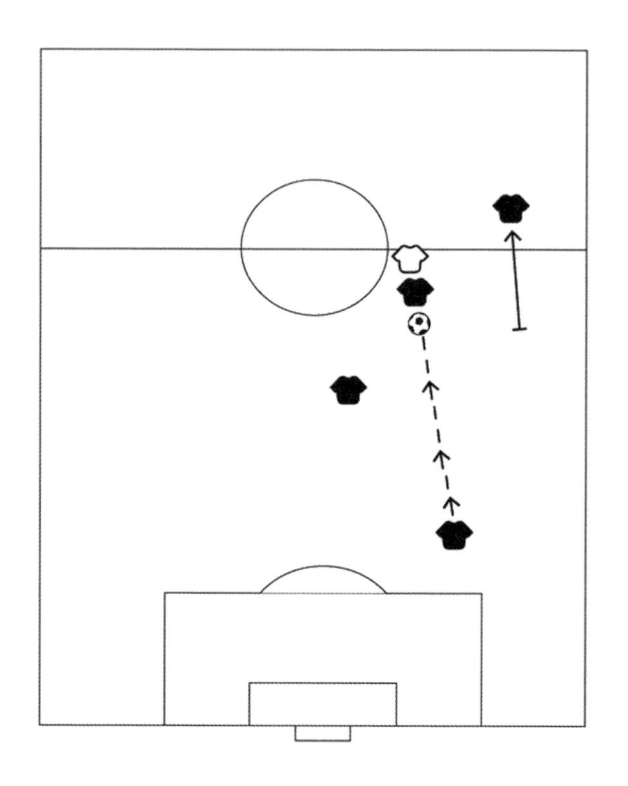

1. 볼을 간직하면서 압박에서 벗어날 방안을 궁리한다.
2. 아래쪽에서 지원하고 있는 팀 동료(오른쪽 윙 이외의 선수)에게 볼을 밀어준다.
3. 몸을 돌려 오른쪽 윙에게 터무니없이 어려운 패스를 한다.

대다수의 선수들이 1안 또는 2안을 선택한다면 내가 이 장을 할애하지도 않았을 것이다. 대부분의 선수들은 자신이 3안의 패스를 성공적으로 연결할 수 있다고 확신하므로 습관적으로 볼을 상대 팀에게 넘겨준다. 당신의 코치가 몸이 향하는 방향으로 볼을 처리하라고 가르친 적이 있는가? 그런가? 그렇게 지도하는 이유는 다음과 같다.

위와 같은 볼을 처리하는 데에는 정말로 심각한 문제가 2가지 있으며, 첫 번째 문제는 너무 심각해 이것을 이해하면 두 번째 문제는 생각할 필요도 없을 것이다.

3안의 패스가 거의 통하지 않는 이유는 너무도 뻔히 예측이 가능하기 때문이다. 당신이 한쪽 방향을 향하고 있으면서 반대 방향으로 볼을 패스하려 할 때에는 등 뒤에 있는 수비수가 당신의 몸동작(body language)을 읽기가 너무도 쉽다. 그 수비수는 모든 상황을 한눈에 쉽게 파악하고 있다. 그는 오른쪽 윙이 쏜살같이 지나쳐 달려가는 것을 보았고 당신이 그 선수에게 패스하고자 한다는 점을 안다. 그런 다음 그는 당신이 볼을 중심으로 몸을 돌리려고 하는 것을 보고 곧 어떤 상황이 벌어질지를 안다. 그러면 그가 해야 할 일은 옆으로 한 걸음 옮겨 당신의 패스 통로를 완전히 막아버리는 것뿐이다. 그건 세상에서 수비하기가 가장 쉬운 패스이고 그것만으로도 당신이 그러한 시도를 멈춰야 하는 충분한 이유가 된다.

두 번째 문제는 당신이 블라인드 패스를 하려 한다는 것이다. 자신의 몸이 향하는 방향으로 플레이해야 하는 한 가지 가장 좋은 이유는 전반적인 상황의 세세한 부분을 모두 볼 수 있다는 점이다. 남쪽을 향하고 있으면서 북쪽으로 플레이하려 하는 경우에는 얘기가 달라진다. 그래서 설령 기적처럼 첫 번째 수비수를 비껴 패스할 수 있다고 해도 종종 당신의 선물을 받기 위해 기다리는 두 번째 수비수가 있고, 아마 당신은 그가 거기에 있는지조차 몰랐을 것이다.

선수로서 성장하는 과정에서 당신은 아마도 이러한 패스를 해 보았고 용케도 성공하였을 테지만, 축구의 신조 하나를 상기시켜 주겠다: 그러한 패스를 하고도 문제없이 지나갔다고 해서 그것이 옳은 것은 아니다. 그런 패스는 성공 확률이 너무 너무 떨어지는 패스이다. 그건 거의 통하지 않는다. 거의 '불가능한 패스'라는 말이다. 그러한 패스를 하고도 통한다면 그건 당신이 영리한 플레이를 하였기 때문이 아니다. 그저 운이 좋았을 뿐이다.

코치들을 위한 한마디

당신이 『축구 지능』을 읽어보았다면 '횡 패스 대신 예각 패스를 유도하라'란 장을 기억할 것이다. 그 장에서는 지원하는 선수가 공을 받을 타깃 선수 아래로 처져 타깃 선수에게 편안한 패스 각도(예각)를 제공해야 한다는 점에 초점을 두었다. 그렇게 처져서 지원하는 선수가 없으면 타깃 선수가 위와 같은 터무니없는 패스를 시도하기가 쉽다. 그러한 패스는 결코 통하지 않을 것이기 때문에 당신은 선수들이 그런 패스를 시도하지 않도록 교육시켜야 한다.

36

너무 얕은 크로스

이것은 당신이 곧바로 후회하게 될 공격 실수의 하나이므로 주의를 기울여야 한다.

당신이 측면을 따라 깊숙한 곳에서 볼을 소유하고 있고 크로스 상황이 전개되고 있을 때, 이상적인 경우에는 페널티 에어리어 내에 3명의 잠재적인 타깃 선수가 있게 된다. 앞쪽 골대에 접근하는 1명, 반대쪽 골대에 미끄러지듯 들어오는 1명, 그리고 뒤쫓아 달려와 페널티 킥 지점에 도착하는 1명 말이다. 희망컨대 그들의 위치 선정은 다음 그림과 비슷할 것이다.

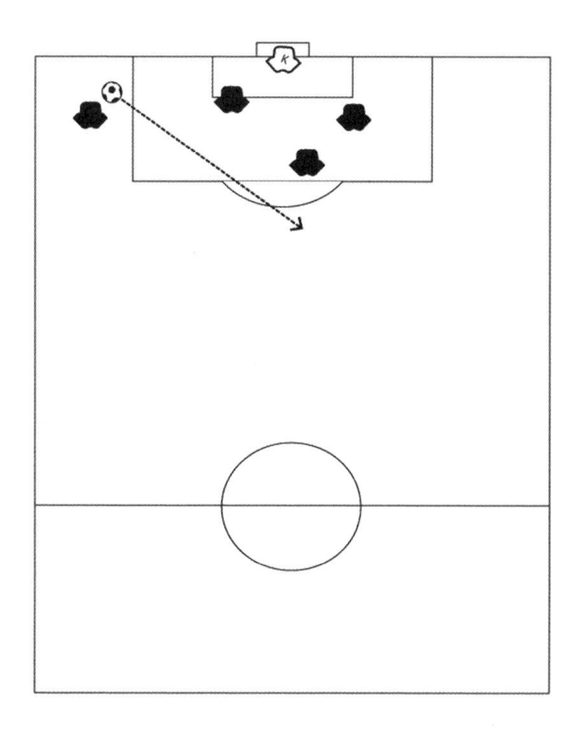

이러한 상황은 환상적인 공격 기회이기 때문에 이제 당연히 그 3명의 타깃 선수 중 하나에게 크로스를 연결하고 싶을 것이다. 그러나 멋진 공격 찬스에서도 여전히 전반적인 상황과 잠재적인 결과를 고려해야 한다. 당신의 크로스가 앞쪽 골대로 달려오는 선수의 뒤로 빠지더라도 거기에 아주 참담한 후회는 없을 것이다. 그리고 반대쪽 골대로 달려오는 선수의 뒤로 빠지더라도 당신이 사지로 몰리지는 않을 것이다. 그러나 크로스를 너무 휘어 차서 뒤쫓아 달려오는 선수의 뒤로 볼이 떨어지면(그림에 표시하였듯이) 당신의 팀은 심각한 문제에 직면할 공산이 크다.

자, 물론 당신이 일부러 끔찍한 크로스를 날리려 하지 않는다는 점은 알지만 이러한 상황은 당신이 자신에게 약간의 오차범위(여유 공간)를 주어야 하는 순간들의 하나인데, 영리한 선수라면 이런 상황에서 실패의 경우까지 생각해야 하기 때문이다. 너무 얕은 크로스(The too-shallow cross)는 통계자료가 없을 뿐 분명히 축구에서 발생하는 대참사 중의 하나이다. 이러한 점을 잘 이해한다면 당신은 더 영리한 선수가 될 것이다.

먼저 나의 비공식적인 전제를 소개하자면, 누군가 너무 얕은 크로스를 날릴 때에는 언제나 볼은 항상 결국 상대편의 소유가 되고 만다는 것이다. 왜 그런지는 모르나, 나는 반박의 여지가 없이 그 진실성을 믿을 정도로 그러한 경우를 많이 보아왔다. 그건 아마도 그런 나쁜 크로스를 날린 데 대해 축구의 신이 하늘에서 내리는 일종의 벌일 것이다. 어쨌든 당신이 뒤쫓아 달려오는 선수의 뒤로 크로스를 휘어 차면 상대 팀이 경기장의 중앙 통로에서 볼을 차지한다는 점을 우선 지적할 수 있다. 그것이 첫 번째 문제이며, 어처구니없는 상황은 이제 막 시작된다.

제1장에서 우리가 숫자의 중요성을 논의한 것을 기억하는가?

이번의 경우도 모두 숫자 놀음이다. 공격 팀이 전진에 가담하는 숫자가 많으면 가장 위험한 반격이 현실화된다. 너무 얕은 크로스는 정확히 그러한 이유로 흔히 광란의 반격을 초래할 것이다.

크로스가 결국 뒤쫓아 달려오는 선수의 뒤로 떨어지고 만다면 그에 따라 즉시 4명의 공격수가 계산식에서 빠진다. 당신은 볼을 크로스한 후 경기장 측면의 코너 플래그 옆에 서 있을 것이므로 수비를 할 위치에 있지 않다. 팀 동료 3명의 경우에 당신의 크로스가 그들의 뒤로 날아갔을 때 그들은 모두 상대편 골문 방향으로 달리고 있었으므로, 그들 역시 수비 가담에 그리 도움이 되지 않을 것이다. 그래서 즉시 당신의 팀에서 4명이 빠져 이제 단 7명의 팀 동료가 남아 수비 상황에 대처하게 된다.

그런 다음 당신이나 팀 동료들이 복귀하기 전에 반격에 뛰어드는 상대편 수비수들 하나하나가 계산식의 상대 쪽에 플러스 1씩을 추가한다. 그 수비수들의 하나라도 뛰어올라가 공격에 가담할 수 있으면 당신은 단숨에 상대편에게 유리한 방향으로 5명의 변동을 초래한 셈이다. 정말이지 그건 대단한 변동이며, 당신의 팀에게는 잠재적인 참사이다. 이 모든 일이 당신이 날린 한방의 크로스로 벌어졌다. 꽤 인상적이지 않은가!

좋다. 내가 수학책을 쓰고 싶어질까봐 여기서 그치지만 끝까지 잘 생각해야 한다. 요컨대 당신은 크로스가 뒤쫓아 달려오는 선수와 골문 사이의 어딘가로 오도록 해야 한다. 뒤쫓아 달려오는 선수 뒤로 크로스를 휘어 차면 당신의 팀은 큰 문제를 안게 된다.

코치들을 위한 한마디

나는 이러한 경우를 대학 수준에서는 그리 자주 보지는 않으나, 내가 그런 경우를 하나도 좋아하지 않는다는 점을 알 정도로는 보아왔다. 위험한 반격을 초래하는 너무 얕은 크로스들의 비율은 상당히 높다. 크로스는 뒤쫓아 달려가는 선수의 앞쪽으로 볼이 가게 차야 하는데, 공격이 무산될 경우에 크로스가 그 선수에게 수비할 기회를 준다는 이유만이라면 당연히 그래야 한다.

37

태클은 과감하게

축구 선수들의 세계에서 두각을 나타내고 싶은가? 군계일학이 되길 바라는가? 코치가 자신의 꿈속에서 당신의 모습을 떠올리길 원하는가? 그건 쉽다. 태클할 때 강한 임팩트를 줘서 과감하게 하면 된다.

드리블을 잘하고 강력한 슈팅을 날리며 정확하게 패스하는 기술적으로 재능 있는 여자 축구 선수들은 많다. 선수 선발에 상당한 시간을 투자하는 대학 코치로서 내가 직면하는 문제는 그러한 선수들의 99%가 마음이 여리다는 것이다. 그들은 용기나 확신을 가지고 태클하지 못한다. 그들이 태클이라도 한다면 그건 기타 아무 대안이 남아 있지 않기 때문이다. 그들을 보면 막 헌혈에 들어가면서 피할 도리가 없어 얼굴을 찡그리고 바늘이 찌르는 것을 감내하는 사람이 생각난다. 그들은 이를 악물고 그것이 가능한 한 빨리 끝나기를 바란다.

너무 많은 선수가 그렇게 태클을 한다. 즉 그저 태클을 끝내길 바랄 뿐이다. 우리는 이를 소위 '반쪽 태클'이라고 말한다. 그리고 태클을 그런 식으로 하면 2가지 문제에 직면한다: 하나는 그러한 도전에 실패할 공산이 크다는 것이고, 다른 하나는 부상을 자초한다는 것이다. 상대편이 전속력으로 달리는 동안 당신이 발을 볼 앞에 갖다 대면 무릎에서 3개 정도의 인대가 파열될 가능성이 아주 높다. 그런 도전에 전신을 던져 온 체중을 싣는 것이 훨씬 더 안전하다. 나는 반쪽 태클로 심한 부상을 입는 경우를 너무 많이 보아왔다.

태클은 드리블, 패스, 슈팅과 헤더만큼이나 경기의 중요 부분이다. 그것을 무시해서는 안 된다. 그리고 당신은 경기 도중에 어차피 태클을 해야 하므로 그것을 제대로 하는 편이 낫다. 태클할 시점이 오면 두려움을 떨치고 온힘을 다해 그 태클에 몸을 던져라. 그저 볼을 따내기 위해 태클하지 말고 몸을 던져 과감하게 태클하라.

자신에게 굳게 다짐하면서 태클을 단순히 상대편으로부터 볼을 회수하는 방편으로 생각하지 말고 분위기를 완전히 반전시킬 수 있는 계기로 생각하는 것이 좋다. 한 번의 우레 같은 태클은 경기의 흐름을 바꿀 수 있다. 그건 자신의 팀에게 생기를 불어넣을 수 있다. 그건 자신이 순풍을 받게 해 주고 팀 동료들을 고무시키며 관중을 열광시킬 수 있다. 이 정도의 효과로도 강한 태클의 효용에 의심이 든다면 다음은 어떤가: 코치들은 과감한 태클을 아주 좋아한다!

우리 코치들은 모두 태클에 두려움을 모르는 선수들을 아주 좋아한다. 그건 그저 그들이 볼을 따내는 순간에 대해 얘기하는 것이 아니라 그들이 어떠한 유형의 경쟁자이냐에 대해 말하는 것이다. 자주 용기를 선택하는 선수들이 승리자가 된다. 그들은 경기의 승패를 가르는 순간에 코치들이 경기장에 들여보내고 싶은 선수들인데, 이 선수들은 경쟁이라는 이름으로 자신의 신체적 안녕에 모험을 거는 것을 두려워하지 않기 때문이다.

당신이 여타 선수들과 경쟁하여 대학 장학금을 받는 선수가 되고 싶다면, 단언컨대 과감한 플레이를 구사하는 선수에게는 문호가 넓게 열려 있다는 점을 알아야 한다. 그러한 선수는 아주 유용하면서도 아주 드물기 때문이다.

파워와 확신을 가지고 태클하는 능력은 당신을 차별화할 것이다. 그러한 능력은 50 대 50 기회의 도전에서 빠져나오기 위해 변명을 모색하는 마음이 여리지만 기술이 좋은 수많은 선수로부터 당신을 구분시킬 것이다. 사회의 모든 사람이 예술가가 될 수는 없다. 도랑을 파는 사람도 중요한 일을 한다. 축구의 경우도 마찬가지이다. 스스로 유명해지고 싶은가? 그러면 전사가 되어라. 그럼 당신은 신속히 인기 많고 유용한 상품이 될 것이다.

코치들을 위한 한마디

당신의 팀에 50 대 50 기회 때마다 상대편 선수에게 과감하게 달려드는 선수가 있다면, 그런 행동을 제지하지 않는 것이 좋다.

38

중간 1/3 지역에서 차는 프리킥

이 주제와 관련해서는 당신의 팀 코치가 선택하는 전술이 가장 중요하기는 하지만, 나는 그저 중간 1/3 지역에서의 프리킥에 관한 내 의견을 설명하고자 한다.

중앙선을 바로 넘어 미드필드에서 프리킥이 주어지면 흔히 많은 선수가 페널티 지역 주위에서 뒤얽히고 그때 누군가가 그 혼잡한 곳으로 높은 공중 볼을 찬다. 이러한 희망찬 프리킥들이 골로 결실을 맺는가? 그렇다. 간혹 그렇다. 내 팀도 그렇게 당해본 적이 있다. 그러나 나는 어쨌든 그러한 프리킥을 좋아하지 않는다. 그 이유를 말해주겠다.

나의 축구 경력을 통틀어 “이제 네가 볼을 확실히 소유하고 있으니 그 볼을 저쪽으로 아주 멀리 뻥 차서 무슨 일이 벌어지는지 알아보도록 해”라고 말하는 코치를 본 적이 없다. 나는 항상 볼 소유를 우선시하며, 때때로 볼을 전방으로 띄워 보내 아무나 운 좋은 선수가 볼을 잡도록 하지는 않는다. 나는 100% 우리 소유인 볼을 50% 상대 소유인 볼로 만드는 이유를 이해하지 못한다.

거기에 예외가 있을까? 물론이다. 자기 팀에 공중 볼에 아주 능한 선수들이 있다면 아마도 볼을 전방으로 높이 띄워 그 볼을 처리하게 하는 방안을 모색해볼 수 있을 것이다. 이때 그들은 띄워준 볼의 방향을 살짝 틀어 떨궈주는 볼로 기회를 맞이할 수도 있다. 어떤 팀들은 이런 유형의 경기 재개 방식을 주로 사용하고 있으나, 그런 팀들은 그리 흔하지 않다. 같은 이유에서, 경기가 막판에 이르렀고 동점 골이 절실한 상황이라면 이러한 문전 공중 볼을 시도해볼 만하다.

내 의견으로는 심판이 미드필드에서 프리킥을 선언하면 재빨리 땅볼로 팀 동료에게 패스하는 편이 낫다고 생각한다. 이것은 당신이 미드필드에서 완전하게 볼을 소유했을 때마다 늘 하던 플레이와 결코 다르지 않다. 상대편이 신속히 전열을 정비하여 땅볼 패스에 의한 안전한 패스 플레이가 여의치 않다면, 이때야말로 페널티 박스로 볼을 띄워 50 대 50의 기회에 의존해도 좋을 것이다.

코치들을 위한 한마디

나는 이 장의 내용에 대해 반론을 가지고 있는 여러 지도자의 이견을 받아들일 준비가 완벽히 되어 있다. 전술적인 판단에 있어 각 지도자마다 자기의 견해가 있기 마련이다.

39

종료 직전의 경기 재개

당신의 팀이 경기 막판에 한 골 차로 뒤지고 있는 상황에서 공격진의 압박 전술을 통해 경기 종료 30초를 남기고 코너킥을 얻어냈다. 당신은 재빨리 볼을 집어 들어 코너킥 지점에 갖다놓는다. 이제 25초밖에 남지 않았기 때문에 초조한 마음에 가능한 한 빨리 코너킥을 찬다. 잘한 일인가?

음…그렇지 않다.

자, 왜인지 이유를 알아보자.

이와 같은 상황에서 흔히 벌어지는 일은 볼을 가진 선수가 시간의 압박을 느껴 가능한 한 빨리 볼을 골문 앞쪽으로 투입하고자 하므로 겨우 서너 명의 팀 동료만이 괜찮은 위치에 들어간 상태에서 코너킥을 한다는 것이다. 따라서 그의 팀은 볼이 떨어지는 지역에서 수적으로 상당히 열세이고 결국 상대편이 쉽게 볼을 걷어내고 만다.

종료 직전에 코너킥이나 프리킥과 같은 경기 재개의 기회를 잡았을 때 당신은 그 기회를 살려야 하고 특히 지고 있을 경우에 그렇다. 이는 볼을 상대편의 골문 앞쪽으로 투입할 마지막 기회일 수도 있으므로 당신은 팀에게 가능한 한 최선의 기회를 제공해야 한다. 그러기 위해서는 팀 동료들이 골문 앞쪽으로 가게 해야 하고 그들이 거기에 이르려면 시간이 필요하다. 그들은 많은 시간을 필요로 하지 않으나, 페널티 박스로 들어가 어느 정도 채비를 하기 위해서는 아마도 10초가 더 필요할 것이다. 어떤 팀들에서는 수비수들의 헤더가 가장 좋다. 당연히 킥을 하기 전에 헤더를 가장 잘하는 선수들에게 골문 앞쪽에 자리할 기회를 주어야 한다.

코너킥이나 프리킥을 하기 위해 볼을 놓았을 때 30초는 오랜 시간이다. 그건 팀 동료들을 모두 페널티 박스로 들어가게 하고도 15~20초 정도가 남을 정도의 시간이다. 그러니 초조해할 필요가 없다. 골을 만들 마지막 기회를 날리지 말아야 한다. 평정심을 유지하고 깊은 숨을 들이쉰 다음 팀 동료들이 좋은 위치를 차지했는지 확인한 후 킥을 하라.

목적은 팀 동료들이 좋은 위치를 차지하도록 할 정도의 시간만 가지는 것이며, 위치 선정이 끝나면 지체 없이 경기를 재개해야 한다. 이제 희망사항은 당신의 팀이 직접 득점에 성공하거나, 아니면 볼이 페널티 에어리어에 떨어지거나 리바운드가 생길 경우에 팀이 득점을 시도할 두 번째 기회를 가질 정도의 시간을 확보하는 것이다.

당신은 득점하게 될까? 그럴 수도 있고 그러지 않을 수도 있다. 그러나 당신은 팀에게 가능한 한 최선의 기회를 주어야 한다. 쓸데없이 킥을 서둘러서 이 기회를 허비하지 말아야 한다.

코치들을 위한 한마디

우리는 바로 이와 같은 시나리오를 몇 년 전에 경험한 바 있다. 한 골 차로 끌려가던 우리는 경기 종료 30초가 남은 상태에서 코너킥을 서둘렀고 볼은 곧장 라인 밖으로 나갔다. 우리는 이 상황을 비디오로 검토하면서 선수들에게 마지막 25초가 공허하게 흘러가는 것을 지켜보게 해서 우리가 실제로 얼마의 시간을 쓸 수도 있었는지 파악하도록 했다. 그렇게 하니 선수들이 요점을 꽤 잘 이해했다.

40

수비벽에 들어갈 선수

수비벽이 필요한 지역에서 상대편에게 프리킥이 주어지면 수비벽에 적절한 사람들이 들어가도록 해야 한다. 이 장의 목적상 모든 프리킥은 엔드라인에서 25m 이내에서 차게 된다고 가정하자.

이러한 상황이 발생하면 우선 프리킥이 슈팅이 될 것인지 혹은 동료들에게 연결하는 패스가 될 것인지, 어느 쪽일 가능성이 더 많은지를 판단해야 한다. 내가 모든 가능성을 다 보여줄 수도 없고 수비벽에 관한 한 규칙만큼 예외도 많으므로, 그저 일반적인 경우들을 생각해보자. 대개 볼이 중앙으로 위치할수록 직접 슈팅을 할 가능성이 더 많다. 볼이 측면으로 위치할수록 동료들에게 연결하는 볼이 될 가능성이 더 많다. 여기까지 내 말을 알겠는가?

또한 심판이 직접 프리킥을 선언했는지 간접 프리킥을 선언했는지에도 주의를 기울여야 한다. 간접 킥은 동료들에게 연결하는 볼이 될 가능성이 더 많다. (간접 프리킥을 슈팅으로 가져갈 가능성도 완전히 배제할 수 없다!)

상대편이 직접 슈팅을 하리란 생각이 들면 아마도 키가 큰 선수들을 수비벽에 배치해야 할 것이다. 그 킥이 동료들에게 연결하는 볼이 될 가능성이 더 많다는 생각이 들면 가장 좋은 헤더를 자랑하는 선수들이 수비벽에 서 있지 않도록 유의해야 한다.

흔히 키 큰 선수들의 헤더가 가장 뛰어나기도 해서 수비벽에 세울 선수들을 결정하는 일이 그렇게 단순하지만은 않을 것이다. 상대편은 자신의 의도를 드러내지 않을 것이므로, 당신은 채비를 갖출 수 있도록 가능한 한 신속하게 경험에 근거한 최선의 추측을 해야 한다.

코치들을 위한 한마디

내 개인적인 믿음으로는 헤더를 잘하는 선수들을 수비벽에서 빼는 것이 키 큰 선수들을 벽에 넣는 것보다 더 중요하고 본다. 상대편의 직접 킥이 우리 선수의 머리를 때리는 모습을 본 경우는 손으로 셀 수 있을 정도이다. 슈팅과 패스의 확률이 50 대 50이라면, 나는 헤더를 잘하는 선수들을 수비벽에서 빼서 골문 앞쪽에 배치하는 것이 좋다고 생각한다. 프리킥으로 직접 득점하는 것은 꽤 어려우며, 특히 그 킥의 지점이 중앙에서 멀리 있을 경우에는 더 그렇다. 나는 키커가 멋진 프리킥을 찰 가능성이 그렇게 높다고 생각하지 않으므로, 헤더를 잘 하는 선수들을 수비벽에서 빼서 그들이 가장 잘하는 플레이를 할 수 있는 곳에 배치하도록 하겠다.

그런데 상대편이 프리킥 지점에 두 사람 이상을 둘 경우에는 한 선수가 볼을 살짝 건드려주고 다른 선수가 슈팅을 할 가능성이 있으므로, 수비수 한 명을 전담 배치해 상대편이 볼을 건드리자마자 볼에 달려들도록 하는 것이 좋다.

41

수비벽 쌓기

많은 코치들이 골키퍼가 수비벽을 정렬하는 것을 선호한다. 나는 거기에 속하지 않는다. 혹시 당신의 코치가 나와 같을지도 모르므로, 당신이 골키퍼가 아니더라도 수비벽을 정렬하는 방법을 알아야 한다.

먼저 내가 골키퍼의 수비벽 정렬을 달가워하지 않는 이유를 설명하겠다. 우선 나는 골키퍼가 골대를 껴안고 수비벽을 정렬하고 있는 사이 상대편이 프리킥을 해서 골을 넣는 경우를 여섯 번 정도 보았다. 물론 나는 골키퍼가 수비벽의 정렬을 시작하기 전에 심판이 공격 팀에게 두 번째 휘슬을 위해 기다리라고 말했는지 확인해야 한다는 점을 알고 있지만, '당위적인 상황'과 '실제로 벌어지는 상황'은 완전히 다른 별개의 문제일 수 있다.

골키퍼의 수비벽 정렬을 좋아하지 않는 또 하나의 이유, 즉 당신이 정말로 알아야 하는 유일한 이유는 너무 자주 골키퍼가 정렬을 잘못한다는 것이다. 나는 골키퍼가 정렬한 수비벽이 볼과 가까운 골대 쪽에 빈 공간을 남기거나 너무 넓게 배치하여 3명의 선수가 가까운 골대 쪽에서 벗어나 서 있는 예를 수없이 보아왔다. 어느 경우든 좋지 않다. 나는 골키퍼가 볼이 골네트를 가르지 않도록 하는 본연의 임무에 집중하게 하고 싶다. 그래서 이 장에서는 내 방식으로 수비벽을 정렬하며, 당신도 그 방법을 배워보기 바란다.

필드 플레이어들이 수비벽을 망치는 2가지 방식이 있다: 그들은 어디에 수비벽을 정렬해야 하는지를 모르거나 그걸 알기는 하지만 자신의 의사를 소통하는 능력이 형편없다. 우리는 그러한 2가지 문제를 당장 해결할 것이다. 그래서 수비벽을 정렬하는 요령을 다음과 같이 이해하기 쉽게 6단계로 제시한다.

1단계: 볼과 가까운 골대 쪽 선수를 결정한다. 당신이 실제로 정렬해야 하는 선수는 이 선수가 유일하다. 그밖의 모든 선수는 그저 그에게 바짝 붙어 있게 된다.

2단계: 수비벽을 쌓는 선수는 골대 방향이 아니라 골대 반대 방향으로 볼에서 약 5m 내지 6m 뒤에 서서 볼과 골문을 모두 볼 수 있도록 한다. 엄밀히 말하면 선수는 볼에서 사방으로 9.15m 떨어져 있게 되어 있으나, 대부분의 심판들은 골대 반대 방향에서 선수가 킥을 방해하고 있지 않는 한 몇 미터를 침범하도록 허용할 것이다.

3단계: 볼과 가까운 골대 쪽 선수를 정렬하기 시작한다. 처음부터 완벽하게 세울 필요는 없다. 일단 심판이 수비벽을 위해 거리를 설정하면 다시 조정해야 할 것이기 때문이다. 당장은 수비벽의 기준이 되는 그 선수가 최종적으로 위치할 곳 가까이에만 세우면 된다.

4단계: 볼에서 볼과 가까운 골대 쪽으로 가는 가상의 직선을 그려보도록 한다. 이 다음 부분이 중요하므로 특히 주의해야 한다: '그 가상의 직선이 볼과 가까운 골대 쪽 선수의 내측 어깨를 통해 지나가도록 한다.' 당신이 할 일은 그 골대 쪽 기준 선수의 내측 어깨가 그 선 위에 놓일 때까지 그 선수의 위치를 조정하는 것이다. 이렇게 하면 그 선수의 몸체가 골대에서 벗어날 것이며,

그러면 가까운 골대 쪽으로 휘어 오는 볼을 막기에 충분할 것이다.

5단계: 분명하고도 간결하게 소통한다. 가슴 앞쪽에서 손을 까딱까딱하는 대신(그런 소통은 대단히 혼란스럽기 때문이다) 러시아워 때 교통을 정리하는 경찰관처럼 신호를 보낸다. 팔을 측면으로 내뻗어 당신이 골대 쪽 선수가 이동하길 원하는 방향을 가리킨다. 그 선수에게 말할 때에는 가장 위엄 있는 목소리로 하라. 당신은 두 말만 사용하면 된다: '움직여!'와 '멈춰!' 골대 쪽 선수가 당신의 오른쪽으로 이동하길 원한다면 오른쪽을 가리키며 "움직여! 움직여! 움직여! 멈춰!"라고 말한다. 그가 목표 지점을 지나친다면 그냥 반대 방향을 가리키며 적절히 위치하게 할 때까지 "움직여"를 반복한다. 일단 그가 위치를 잡으면 그에게 엄지를 치켜들어준다. 그러면 다른 선수들이 그를 기준으로 줄을 늘어설 수 있다.

6단계: 기다린다. 당신의 임무에서 벗어나기 전에 수비벽이 볼에서 충분히 떨어져 있다고 심판이 만족할 때까지 기다린다. 심판이 수비벽을 뒤로 한 걸음 물린다면 골대 쪽 선수는 정렬이 흐트러질 것이고 수비벽은 골대 쪽에서 벗어날 것이다. 아울러 볼이 놓인 후 약삭빠른 선수가 볼을 집어 들어 바람이 충분한지 확인하는 척 한 다음 볼을 다른 지점에 다시 놓을 수도 있다. 그런 일이 벌어진다면 다시금 수비벽은 골대 쪽에서 벗어날 것이다. 골대에서 나오기 전에 모든 상황이 정리될 때까지 기다린 다음 마크할 선수를 찾아간다.

가상선이 볼에서 볼과 가까운 골대 쪽 선수의 내측 어깨를 거쳐 골대 쪽으로 가야 한다는 점을 명심하라. 이를 제대로 할 수 있다면 당신은 좋은 수비벽을 쌓은 셈이다.

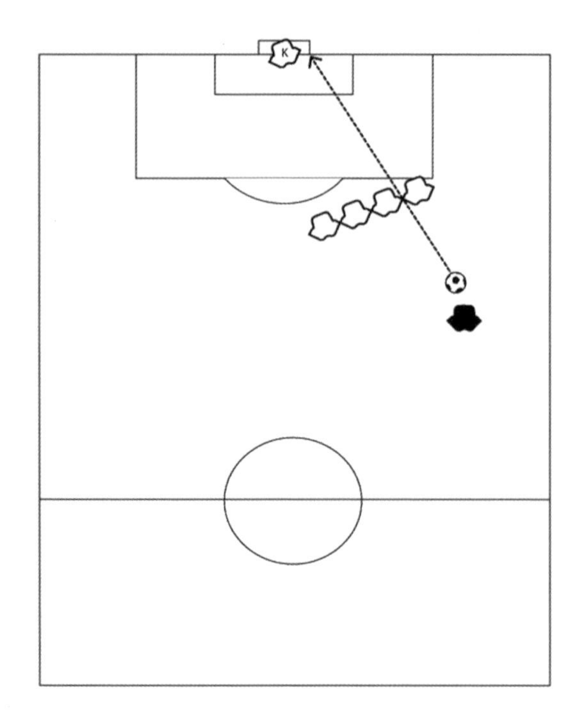

코치들을 위한 한마디

위와 같이 수비벽을 정렬하는 요령은 필요할 경우에 대비해 모든 선수가 구비해야 하는 삶의 기본 기술(펑크 난 타이어를 교체하는 능력처럼)이다. 당신은 골키퍼가 수비벽을 쌓는 것을 선호하더라도 당신의 선수들을 맡을 다음 코치는 그러지 않을 수도 있으므로, 선수들의 축구 장래를 위해 그들을 준비시키는 방편으로 이것을 가르쳐야 한다. 적절한 수비벽을 신속하게 쌓는 능력이 없다면 당신은 게임에서 질 수 있다. 5분간의 연습 시간을 투자하여 모든 선수에게 수비벽을 쌓는 방법을 가르치는 것은 충분히 가치 있는 일이다.

42

체킹 런의 타이밍

이 장에서 설명하는 내용을 이해하려면 먼저 체킹 런(checking run) 및 체크 백(check back)이란 용어를 이해해야 한다. 체킹 런이란 볼을 받는 선수가 볼을 가진 선수로부터 멀어지다가 다시 달려오는 움직임으로, 상대편 선수들을 뒤로 유인해 볼을 가진 선수에게 공간을 만들어주면서 자신은 다시 되돌아와 마크당하지 않는 상황에서 패스를 받을 수 있도록 하는 것이다. 비슷한 말이지만 체크 백은 볼을 받으러 볼을 가진 팀 동료에게 접근하는 것을 말한다.

이 장에서는 측면 수비수가 볼을 소유하고 공격수인 당신이 다음 패스를 받기 위해 그 수비수에게로 체크 백을 하게 되는 상황을 소개한다. 이는 많은 선수(공격수뿐만이 아니라)가 정말로 이해하기 힘들어하는 기본 개념이므로 그에 대해 알아보자.

공격수로서 당신은 등 뒤에서 압박을 받을 때 볼을 받는 데 아주 능숙해야 한다. 수비수가 당신의 등 뒤에서 바싹 압박을 가하는 와중에 당신의 발 앞에 도달한 볼을 컨트롤하는 것은 매우 고급의 전문 기술이자 당신이 개발해야 할 기술이다. 그러나 나는 볼이 실제로 당신에게 도달하기 전에 벌어지는 일에 대해 말하고 있다. 볼을 받기 위해 볼을 가진 선수 쪽으로 달려가는 '타이밍'에 대해 말하고 있는 것이다.

우선 단순한 전제로 시작하려 하는데, 상대편의 골문으로부터 30m 거리에서 볼을 받는 것은 40m 거리에서 볼을 받는 것보다 더 낫고 40m 거리에서 볼을 받는 것은 50m 거리에서 볼을 받는 것보다 더 낫다는 것이다. 볼을 받을 때 상대편의 골문에 더 가까울수록 득점할 가능성이 더 많다. 당연한 말이지 않은가?

이제 당신의 중앙 수비수가 오른쪽 수비수에게 횡 패스로 볼을 건네고 다음 패스가 당신에게 오기를 원하므로, 당신은 오른쪽 수비수 쪽으로 체크 백을 하게 된다. 체크 백을 시작하는 순간 볼

쪽으로 밟는 매 걸음은 당신이 공격하고 있는 골문으로부터 멀어지는 또 하나의 걸음이다. 요령은 당신과 팀 동료 사이의 공간을 너무 많이 까먹지 않으면서 강하고 빠르게 체크 백을 하는 능력이다. 그가 당신에게 성공적으로 30m 패스를 해줄 수 있다면 20m 패스를 요구하지 않도록 한다. 여전히 내 말을 알겠는가?

그러니 체크 백을 시작하기 전에 당신이 자문해보아야 하는 질문은 이렇다: '그가 내게 패스할 준비가 되어 있는가?' 다시 말해 그가 볼을 컨트롤하고 있으며, 볼이 적절히 준비되어 있고, 그가 균형을 잡고 있으며, 그가 나를 보았는가? 대답이 부정적이면 공간을 유지하고 그에게 접근하지 마라. 팀 동료가 당신에게 볼을 건넬 준비가 될 때까지는 그에게로 체크 백을 해도 아무 소용이 없는데, 당신이 그에게로 밟는 매 걸음은 당신이 공격하고 있는 골문으로부터 멀어지는 또 하나의 걸음이기 때문이다. 요점은 강하게 체크 백을 하면서 자기 골문 쪽으로 가능한 한 적은 걸음을 밟는 것이다.

너무 많은 공격수가 너무 빨리 체크 백을 하고 너무 많은 공간을 까먹은 다음 불과 0.5초면 자기가 팀 동료의 바로 위로 달려갈 수 있다는 점을 깨닫는다. 그런 후 자신의 실수를 바로잡고 어느 정도의 공간을 지키기 위해 볼이 오는 도중에 달리는 속도를 늦추거나 멈춘다. 이렇게 속도를 늦추기 때문에 그들의 등 뒤에 있던 수비수는 이제 그들의 앞쪽으로 달려 나와 패스를 가로챈다. 수비수가 당신의 앞쪽으로 달려 나오지 못하게 하기 위해서는 타이밍을 적절히 잡아야 한다.

여기에 좋은 경험 법칙이 있다: '늦게 출발하고 빨리 도달하라.'

팀 동료가 볼을 준비했을 때까지는 체크 백을 하지 않는다. 인내심을 가지고 위쪽 멀리서 공간을 유지한다. 그에게 볼을 컨트롤하고 균형을 잡을 시간을 준다. 그가 그렇게 하는 데는 1.5초 정도밖에 안 걸릴 것이다. 그가 이러한 과정을 거치는 동안 당신은 그로부터 몇 걸음 멀어지라. 당신의 팀 동료와 볼 사이에 거리를 좀 더 두게 하라. 그런 식으로 하면 당신은 전력 질주로 체크 백을 할 때 그렇게 하지 않았을 경우보다 경기장의 더 위쪽에서 볼을 받게 된다.

일단 팀 동료가 볼을 패스할 준비가 되었으면, 그에게로 강하고 빠르게 체크 백을 한다.

핵심은 바로 이것이다: 인내심을 가져라. 당신의 공간을 유지하라. 먼저 팀 동료로부터 멀어진 다음 그가 당신에게 볼을 건넬 준비가 되면 전력 질주로 체크 백을 하라.

위의 예에서는 패스할 선수가 최소한 2번의 볼 터치를 해야 하는 상황에 대해 말했다. 그러나 패스할 선수가 불가피하게 1번의 볼 터치로 플레이해야 하는 상황이라면 어떻게든 패스의 거리를 단축하기 위해 더 일찍 체크 백을 해야 한다. 그럼에도 불구하고 당신은 여전히 전력 질주로 거기에 도달해야 한다.

코치들을 위한 한마디

이 문제는 거의 모든 수준의 축구에서 골칫거리이다. 대부분의 경우에 체킹 런의 타이밍에 따라 움직임의 성공 여부가 결정된다. 선수들은 대부분 너무 일찍 체크 백을 한다. 여기에 선수들이 체킹 런의 타이밍을 적절히 잡고 압박 하에서도 볼을 유지하게 해줄 간단한 연습이 있다. 이 연습은 기존 연습에 추가하기 쉬운 운동이므로 이를 슈팅, 크로스 및 복합 운동에 포함시켜도 좋다.

큰 사각형 공간은 30×10야드(27×9미터) 크기이고 그 안의 한쪽 끝에 10×10야드(9×9미터) 크기의 사각형 공간이 있다. 수비하는 선수는 볼이 앞으로 플레이될 때까지 타깃 선수로부터 골문 쪽으로 머물러야 한다. 공격하는 2명의 선수는 둘 중 하나가 준비하는 볼 터치를 한 다음 타깃 선수에게 패스하기로 마음먹을 때까지 서로 한 번의 볼 터치로 횡 패스를 몇 차례 한다. 타깃 선수가 할 일은 위쪽 멀리서 자신의 공간을 유지한 다음 볼 쪽으로 체킹 런을 하는 타이밍을 잡는 것이다. 그는 볼 쪽으로 돌아갈 때 작은 사각형 공간을 벗어나서는 안 되므로, 강해야 하고 수비수를 물리쳐야 한다. 진입 패스가 이루어질 때 두 번째 공격수는 공격을 지원하기 위해 위로 달려간다. 일단 두 번째 공격수가 작은 사각형 공간에 도달하면, 2명의 공격수는 2대 1 플레이로 볼을 드리블해서 엔드라인을 지나가도록 한다. 수비수가 볼을 따내거나 볼이 작은 사각형 공간을 벗어나면 플레이는 끝난다. 타깃 선수를 더욱 어렵게 하려면 큰 사각형 공간을 더 길게 하고 작은 사각형 공간을 단축하거나, 아니면 지원하는 공격수가 달리기를 시작하기 전에 윗몸일으키기를 한 번 하도록 한다.

43

오프사이드 위치에서 출발하고 은밀하게 움직여라

이전 장에서는 체킹 런의 타이밍을 잡는 것에 대해 설명했다. 이 장에서는 그러한 달리기를 하기 전에 당신의 출발 위치를 개선하는 방법을 소개한다.

당신은 공격수이고 팀 동료들이 볼을 소유하고 전진하는 사이 당신은 하프라인 근처 어딘가에서 서성이고 있다. 궁극적으로 그들은 열린 공간을 찾아 당신에게 볼을 패스할 것이고 당신은 그 패스를 받기 위해 체크 백을 할 것이다.

이미 알다시피 당신이 경기장 위로 더 멀리서 체크 백을 시작할

수록 더 좋다. 그럴수록 당신은 볼을 받을 때 경기장 위로 더 멀리 있을 것이다. 경기장 위로 더 멀리서 볼을 받을수록 상대편의 골문에 더 가깝다. 그러니 당신의 팀이 자기 골문의 앞쪽 32m 거리에서 볼을 가지고 있다면 상대편의 페널티 에어리어에서 체크 백을 시작하는 것이 타당하지 않겠는가? 물론 그렇다. 당신은 정말로 상대편을 뒤로 물리고 팀 동료들에게 플레이할 시간과 공간을 더 줄 수 있기 때문이다. 그런데 거기에 한 가지 큰 문제가 있다. 오프사이드 규칙 말이다. 결국 수비 라인은 당신과 함께 후퇴하기를 멈출 것이고 당신은 서성거리면서 오프사이드 휘슬에 신경 쓸 것이다. 그래서 그러한 특별한 상황에서는 우리가 위로 깊숙이 상대편의 페널티 에어리어에서 체크 백을 시작할 수 없으나, 분명히 어느 정도 운신의 폭이 있고 우리는 그걸 활용해야 한다.

온사이드에서 출발하는 경우에 문제는 수비수들이 늘 당신과 볼을 동시에 감시할 수 있다는 것이다. 그에 따라 그들은 모든 것을 아주 잘 예측할 수 있다. 그리고 '예측 가능하다'는 것은 '쉽다'란 말을 바꾸어 말한 것에 불과하다.

다음을 이해하라: '수비수들은 당신과 볼을 동시에 볼 수 없는 상황에 있는 경우를 싫어한다.' 이 단순하고도 유일한 개념이 이 장 전체를 할애하게 된 근거이다. 그들은 당신을 볼 수 없으면 당

신을 찾아야 하고 그건 그들이 볼로부터 눈길을 돌려야 한다는 의미이다. 그들은 무엇보다도 그러기를 싫어한다. 그리고 일관되게 그들이 싫어하는 것들을 하고 있지 않다면 당신은 자신의 일에 그리 능숙하지 않은 셈이다.

공격수로서 당신은 분명히 오프사이드 위치에서 출발해도 좋다. 단지 팀 동료가 당신에게 볼을 패스하기 전에 온사이드 위치로 돌아오기만 하면 된다. 그래서 수비 라인의 앞쪽에서 돌아다니지 말고 그들로부터 1m나 2m 뒤로 빠져서 은밀하게 움직여야 한다. 마치 까꿍놀이(peek-a-boo, 서양에서 엄마가 아이의 시야에서 사라졌다가 '까꿍' 하며 나타나기를 반복하는 놀이)를 하듯이 좌우로 움직인다. 계속해서 서로 다른 지점들에서 불쑥불쑥 나타난다. 그러다가 볼 쪽으로 체크 백을 할 시점이 오면 그 수비수들은 당신이 오는 것을 결코 보지 못할 것이다. 수비수의 시야에 다시 나타날 때쯤이면 당신은 전력 질주로 체크 백을 하고 있을 것이고 수비수는 정지하여 있을 것이다. 그건 당신이 아마도 압박을 받지 않는 상태에서 첫 볼 터치를 하게 될 것이라는 의미이고, 그것은 아주 좋은 일이다.

코치들을 위한 한마디

거의 아무도 위와 같이 하지 않으나, 당신이 그에 대해 생각해본다면 그건 실제로 아주 단순한 개념이다. 당신에게는 진입 패스가 언제 막 전달될지를 알 정도로 게임을 잘 읽어 적기에 체크 백을 하는 공격수가 필요하다. 당신이 우연히 이와 같은 플레이에 관심이 많은 공격수를 발견한다면 머지않아 그는 이 개념을 자기 것으로 받아들일 것인데, 수비수들을 따돌리는 법을 배우면 온갖 종류의 기회가 열리기 때문이다.

44

기세를 꺾어라

축구를 충분히 오래 하다 보면 기세의 변동을 감지하는 능력이 개발된다. 이 장에 적용 가능한 시나리오를 소개하겠다.

당신의 팀이 상대편에게 압도당하고 있다. 10분이 남은 상태이다. 요컨대 상대편이 더 나은 팀이라는 것이나, 상대 팀이 골문 앞에서 운이 따르지 않고 보통 경기 때와 달리 당신의 팀이 득점을 올려 리드한다. 당신은 득점 선수와 함께 축하한 다음 자기 진영에서 제자리를 잡고는 경기 재개를 기다린다. 그리고 골에 도취한 상태에서 돌아오면서 당신은 잠자는 거인을 막 깨웠을지도 모른다는 현실에 갑자기 머리가 번쩍한다. 당신은 방금 상대편에게 비친 새로운 절박감을 느낄 수 있다. 상대편이 수단방법을 가리지 않고 덤벼들 태세이다. 다음 몇 분 동안 당신의 팀은 필사적으로 골을 지키려 한다.

당신은 이와 같은 순간을 경험해본 적이 있는가? 당신은 언젠가 이러한 동전의 양면에 놓여본 적이 있을 가능성이 있으므로 내가 말하는 바를 알 것이다. 당신에게 이렇게 조언해주겠다: 당신이 맞이한 바로 첫 기회에 볼을 가능한 한 경기장을 따라 멀리 세게 차되, 볼이 상대편 골키퍼에서 멀어지도록 하기 위해 가급적 페널티 에어리어에서 벗어나게 차라. 상대편이 필사적으로 몰아치고 당신이 맞서는 시점일 때 절대로 볼이 가게 하지 말아야 할 곳은 경기장의 당신 진영 끝부분이다. 당신은 상대편을 후퇴시켜 그들의 열정을 꺾어야 한다. 그들이 지속하는 강력한 신경성 활력은 영원히 가지 못할 것이다. 볼을 회수하기 위해 그들이 자기 진영의 끝부분으로 후퇴하도록 함으로써 그들이 다소의 활력을 태워버리게 하라.

상당히 많은 골이 골을 넣은 직후 5분 사이에 들어간다. 상대편이 감정적인 면에서 막 당신의 팀을 능가하려 할 때 당신의 첫째 목적은 그 5분 시한을 버텨내는 것이어야 한다. 상대편의 감정적인 광란에 맞서려 하지 말고 감정을 자제하는 것에 만족해야 한다. 상대편은 애초부터 당신의 팀보다 나은 팀이었다는 점을 상기하라. 이제 그들은 화나 있고 게다가 기세가 고조되어 있다. 이러한 상황은 당신에게 아주 좋은 국면이 아니다. 그들이 잇따라 무산되는 공격으로 인한 좌절감을 스스로 처리하게 해야 한다. 그들의 기세를 조금씩 꺾어라. 그들이 그러한 감정적인 고조에서 내려오는 데는 시간이 오래 걸리지 않을 것이다. 그러면 당신의 팀은 어느 정도 대등한 조건에서 플레이하는 상태로 되돌아갈 것이다. 아울러 당신의 팀에는 아마도 팀이 리드를 잡은 지 5초 후부터 공황 발작을 경험하기 시작한 일부 팀 동료들이 있을 것인데, 위와 같은 상태는 그들에게 진정하고 자신감을 회복하는 기회를 줄 것이다.

코치들을 위한 한마디

나는 이 장의 내용을 읽은 당신의 반발을 충분히 예상하는데, 주로 내가 당신에게 자신의 방식을 포기하도록 주장하고 있는 것처럼 들리기 때문일 것이다. 논리적으로만 보면 당신이 그렇게 포기할 필요는 없을 것이다. 물론 이는 꽤나 단순하게 말한 것이다. 나는 논리적으로는 당신이 그런 식으로 나아갈 필요는 없다는 점에 진심으로 동의한다. 하지만 나는 축구에 관한 한 논리라는 바구니에 내 모든 달걀을 넣지 않는다. 인간적인 요소를 감안하는 경우에 논리란 거의 신뢰할 만하지 않다.

나는 위와 같은 개념에 있어 나를 지지하는 과학적 근거는 없다고 고백한다. 그러나 나는 이러한 상황의 양면에 수없이 있어 봤고 내 경험으로 볼 때 선수가 첫 번째 가능한 기회에서 볼을 자기 진영의 끝부분에서 걷어내지 않으면 그 후 곧 그 선수가 자기편 골네트에서 볼을 집어 들게 될 가능성이 상당하다. 이 장의 내용이 터무니없는 소리라고 생각한다면 속 태우지 마라. 우리는 서로 간단히 동의하지 않기로 동의할 수 있는 것이다. 그저 이 페이지의 내용을 잊고 다음 장으로 넘어가면 된다.

45

용납할 수 없는 오프사이드

이 주제는 특히 윙에게 해당하는데, 당신의 코치를 완전히 돌아버리게 하고 싶지 않으면 나의 조언을 잘 듣는 게 좋다.

상대편의 수비 라인 전체에서 벗어나 터치라인 쪽에 서 있을 때에는 온사이드에 머물러 있어야 한다. 그림에서처럼 모든 수비수와 볼을 동일한 시야로 볼 수 있으면 오프사이드로 가는 잘못에 대해 변명의 여지는 전혀 없다. 전혀! 당신이 해야 할 일은 가장 깊숙이 위치한 수비수를 둘러보고 그와 나란히 있거나 그의 앞쪽에 있으면서 볼이 플레이되기를 기다리는 것뿐이다. 그게 전부이다. 내가 키우는 개는 다소 바보 같은데, 나는 그 개에게도 그걸 가르칠 수 있다.

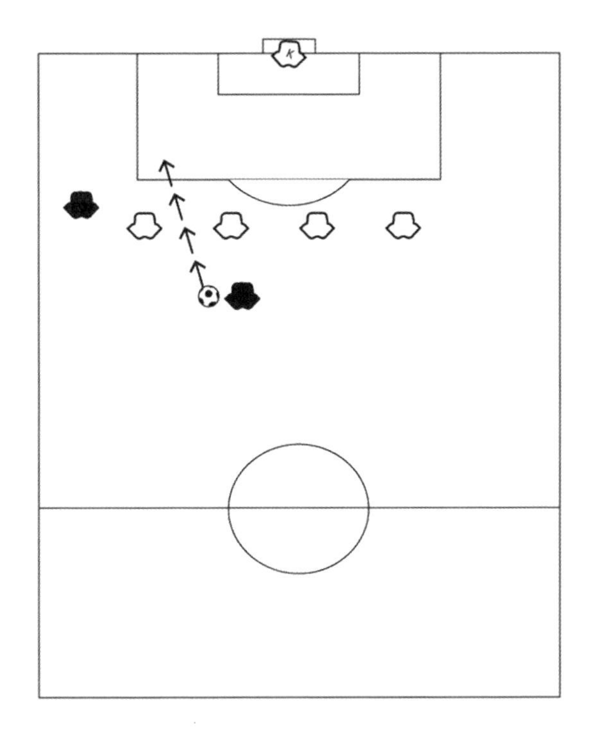

성공적인 공격을 구축하려면 많은 일이 제대로 이루어져야 하고 그러한 일들의 많은 부분이 완벽히 당신의 통제 하에 있지는 않으나, 위와 같은 일은 그렇지 않다. 부주의로 자멸하지 마라. 수비 라인을 둘러보도록 하라. 그건 당신이 해야 할 일이다.

이러한 상황에서 당신의 부주의로 인해 팀의 공격이 무산된다면 코치로부터 따끔한 질책이 나올 가능성이 많다.

코치들을 위한 한마디

선수들이 이러한 행동을 하면 싫지 않은가? 나는 당신에게 이런 행동에 관해 어떤 조언을 줄 수 있기를 바라나, 선수가 오프사이드 규칙을 이해하면서도 여전히 이러한 잘못을 저지른다면 그는 그저 무책임한 것이다.

46

뒷걸음질 치는 수비수

축구를 하는 당신의 경력 내내 당신은 코치가 '시각적 단서'를 인식하라고 요구하는 소리를 자주 들을 것이다. 시각적 단서는 곧 일어날 일을 예고하는 짧은 순간이다. 그건 '~한다면 ~일 것이다'라고 예측할 수 있는 순간으로 당신에게 이런저런 행동을 취하라는 신호를 보낼 것이다. 예를 들어 상대편의 중앙 미드필더가 큰 동작으로 무엇인지 준비하는 볼 터치를 한 다음 경기장의 위쪽 깊숙한 곳을 바라본다면 그는 볼을 길게 찰 가능성이 많다. 그러한 시각적 단서는 상대편에게 수비 라인을 후퇴시키라는 신호를 보낼 것이다. 나는 이제 모든 축구에서 최고의 시각적 단서들 중 하나를 알려줄 것인데, 아무도 여러분에게 언급한 적이 없으리라 생각한다. 이는 내가 드러내는 축구의 '비밀'에 가장 가까운 것이다. 공격수로서 당신은 그 비밀에 각별한 주의를 기울여야 한다.

위에서 든 예를 계속 사용해서 당신이 그 미드필더 팀의 중앙 공격수라고 하자. 동료 미드필더가 경기장의 위쪽으로 깊숙이 긴 공중 볼을 찬다. 상대편의 중앙 수비수가 그 볼을 헤딩하기 위해 위치를 잡고 있다. 당신은 어떻게 하겠는가?

그 수비수가 볼의 낙하지점에 편안히 자리 잡은 것으로 보인다면, 당신은 제동을 걸고 그의 아래쪽에 멈춰 세컨드 볼을 따내기 위한 플레이를 할 수도 있다. 그러나…이 점이 중요하다… 그 수비수가 뒷걸음질을 치기 시작하고 그러면서 몸을 뒤로 기울이기 시작한다는 점을 당신이 알아챈다면, 그가 볼을 완전히 놓치거나 실수로 볼을 잘못 건드려 자기 골문 쪽으로 가게 할 가능성이 많다. 어느 경우든 수비수가 그렇게 뒷걸음질을 치고 몸을 뒤로 기울이는 모습은 당신이 서둘러 그를 추월하여 달려가야 한다는 시각적 신호인데, 거기가 볼이 낙하될 곳일 가능성이 많기 때문이다.

그간 내가 관찰한 바에 따르면 수비수가 4걸음 넘게 뒷걸음질을 쳐야 하는 경우에는 볼이 결국 그의 뒤로 떨어지고 만다. 총명하고 기회를 엿보는 공격수로서 당신은 도박을 해서 그를 추월하여 전력 질주하기에 아주 좋은 시점으로 이 기회를 인식해야 한다. 그러면 절호의 득점 기회를 만들게 될 뿐만 아니라 현자처럼 명석해 보이기도 할 것이다.

이러한 순간은 꽤 빈번히 나타나지만 거의 활용되지 않는데, 공격수들이 그저 수비수가 볼을 헤딩할 것이라고 가정해 수비수 아래쪽으로 위치를 잡기 때문이다. 흔히 벌어지는 상황은 바로 그렇다. 그러나 당신이 그 수비수가 뒷걸음질을 치기 시작하는 것을 알아채고 몸을 뒤로 기울이는 뚜렷한 모습을 인식한다면, 정말이지 그는 곤경에 처해 있고 당신은 달리기를 해야 한다.

추가 정보를 원하는가? 좋다. 그간 나의 관찰에 의하면 이런 식으로 한 번 공중 볼의 낙하지점을 잘못 판단하는 수비수는 계속 잘못 판단할 가능성이 있다는 것이다. 첫 번에 기회를 놓칠지라도 희망을 포기하지 마라. 그 수비수가 나중에 경기에서 같은 상황에 처해 있는지 아주 세심히 살펴보아야 한다. 그리고 그가 뒷걸음질을 치는 모습을 보면 그때에는 반드시 그에게 대가를 치르게 하라.

코치들을 위한 한마디

이 이론은 높은 크로스를 수비하는, 특히 혼잡 상황에서 수비하는 골키퍼인 경우에도 꽤 신뢰할 만하다. 골키퍼가 뒷걸음질을 치기 시작할 때에는 공격수 한 명을 바로 그의 뒤로 돌아가게 해서 그의 손에서 빠져나오는 볼을 기다리게 해야 한다.

47

다음 경기를 위해 몸조심하기

여러분은 다음과 같은 게임을 이미 경험해보았을 나이일 가능성이 있다. 자기 팀이 2골 차로 이기고 있으며, 시합에서 10분이 남아 있고 상대 팀은 돌아가는 상황에 큰 좌절감을 느낀다. 그들은 심판에 의해 좌절감을 맛보고 성질이 한계에 도달하고 있다. 그때 여러분의 팀이 또 한 골을 추가해 상대편 선수들이 시합에 이길 수 없다는 점을 알고는 당신의 몸을 반 토막 내려는 데 관심을 돌리기 시작한다.

심판은 선수를 보호하는 일을 항상 썩 잘 수행하지는 못한다. 때로는 그럴 수가 없다. 어느 경우든 상대 팀이 경기 결과에 신경을 끄고 당신에게 부상을 입히려는 데에만 관심을 가지기 시작하는 시점을 인식할 수 있어야 한다. 그리고 더 좋은 선수일수록 표적이 될 가능성이 더 많다. 경기가 육탄전으로 바뀌었을 때 그 시점을 인식해 적응해야 한다. 그 시점에서는 생존 모드로 넘어가야 하는 것이다.

나는 경기의 승부가 이미 갈려서 더 이상 손을 쓸 수 없는 상태가 될 때 끔찍한 부상들이 일어나는 것을 보아왔다. 지고 있는 선수는 좌절감을 느끼고 심판과 자신을 괴롭히고 있는 팬들에게 몹시 화가 나 있으므로, 완전히 정신이 나가 누군가의 다리를 부러뜨리려 한다. 누군가에게 부상을 입히려고 할 때 대부분의 다른 스포츠에서보다 축구에서 그러기가 꽤나 쉽다.

당신은 상대편 선수가 막 궤도를 이탈하려 하는 시점을 인식할 수 있어야 한다. 그리고 그러한 순간이 도래하면 무엇보다도 '자신을 보호하라!'

그렇다면 어떻게 해야 할까? 그런 질문을 해줘 반갑다.

다른 무엇보다도 볼을 오래 끌지 말아야 한다. 볼을 오래 소유하는 것은 참사를 자초하는 셈이고 그건 그저 그럴 만한 가치가 없다. 가능하다면 한 번의 볼 터치로 플레이하라. 상대편 선수들이 당신에게 태클을 걸 정도로 가까이 오게 하지 마라. 그저 볼을 가능한 한 신속하게 자신으로부터 멀리 처리하라. 당신이 강박적으로 드리블을 하는 선수라면 이번 기회가 볼을 패스해주는 선수로서 당신의 이타심을 부각시키기에 아주 좋은 시점이다. 이미 경기에서 승리를 확정지었으므로 또 한 골을 넣는 것에 대해 신경 쓸 필요가 없다. 멋진 축구에 대해서도 염려하지 말고 '자신의 다리를 구제하는 것에 대해 걱정하라!' 기회가 된다면 볼을 경기장의 상대 진영 끝부분으로 깊숙이 차내라. 그들이 볼을 쫓아감으로써 쌓인 분노의 일부를 태워버리게끔 하라.

같은 맥락에서 이번 기회는 상대편 선수들을 당황하게 할 시점이 아니다. 상대편 선수의 다리 사이로 볼을 보내 돌파하는 기술을 시도하지 말고 볼 뺏기를 해서 멋져 보이려 하지 마라. 그저 볼을 상대 진영의 끝부분으로 깊숙이 뻥 차내고는 시계가 멈추기를 기다려라. 물론 그건 좀 저질스럽게 경기를 끝내는 방법이지만, 적어도 당신은 온전한 몸으로 집에 갈 수 있다.

코치들을 위한 한마디

우리는 모두 이와 같은 경기를 가져본 적이 있고 심판이 우리 선수들을 보호하는 일을 충분히 잘하고 있지 않다고 생각하면 몹시 흥분한다. 이번 주제는 상황에 대응하면서보다 상황을 준비하면서 당신의 시간을 보내는 편이 더 나은 경우이다. 당신의 선수들이 부상을 통해 이러한 교훈을 비싸게 얻도록 해서는 안 된다.

48

축구화가 말라야 발이 행복하다

젖은 축구화를 신는 것보다 더 불쾌한 것들은 많지 않다. 불편한 것 외에, 젖은 신발은 마른 신발보다 더 무거워 선수의 움직임이 느려진다. 또한 젖은 신발은 물집을 일으킬 수 있다. 게다가 악취를 풍긴다. 젖은 신발을 신속히 말리는 방법은 다음과 같다.

신문지를 구해 한 페이지씩 공 모양으로 말고 이들 신문지 뭉치를 신발에 채운다. 그건 이처럼 간단하다. 신문지는 물을 흡수할 것이고 신발의 내부는 다음날 아침쯤이면 마를 것이다. 광택이 있는 종류가 아니라 보통의 신문지를 사용하고 신문지 뭉치들을 꼭 끼게 신발에 채우도록 한다.

축구화가 말라 있어야 발이 행복하다는 것을 기억하라.

코치들을 위한 한마디

이러한 요령을 부모들에게도 알려주면 당신은 아마도 좋은 점수를 받을 수 있을 것이다.

49

선수 선발에 대해 좀 더 하고 싶은 말

** 이 장의 내용은 미국 대학의 축구 선수 선발에 관한 것이므로 한국의 상황과 다를 수도 있다.

『축구 지능』에는 선수 선발에 관한 장이 있는데, 나는 그 자체만으로도 그 책의 값어치가 있다고 진심으로 믿는다. 그러나 내가 몇몇 유용한 조언을 간과했다는 생각이 들어 그것들을 여기에 소개하겠다.

여자 선수에 대한 선발은 아주 일찍 이루어지고 있다는 점을 알아야 한다. 큰 대학들은 선수 선발 노력의 대부분을 고등학교 2

학년인 선수들에게 쏟고 있다. 이들 대학에 지원하는 아주 많은 선수가 3학년의 크리스마스 방학 기간쯤에 지원하고 있다. 그리고 많은 선수가 2학년 때 지원하고 있다. 당신이 축구 명문 대학에서 한번 면담하자고 하는 소식을 듣고자 한다면 1학년 직후에 그들의 레이더 망 안에 들어가야 한다.

물론 당신의 기량을 선보일 수 있는 시합 일정을 자신의 플레이를 지켜봐주길 원하는 코치들에게 보내는 것은 아주 좋은 생각이다. 그러나 그 일정을 시합이 시작되기 최소 10일 전, 가능하다면 더 빨리 보내야 한다. 선수 선발을 위한 여행은 대학 코치의 예산을 상당히 소진시키기 때문에 쉽게 비행기를 탈 수 없다. 경기가 있기 몇 주 전부터 우리는 유망 후보들에게서 100~200여 통의 이메일을 받게 되고 그들 각각은 자신의 플레이를 지켜봐주길 원한다. 그 실행 계획을 세심히 세우는 것은 상당히 힘든 작업이다. 우리는 우리가 보아야 하는 선수들, 우리가 보고자 하는 선수들, 그들이 플레이할 경기장들, 그리고 그들이 플레이할 시간들을 조절해야 한다. 우리의 기본 계획은 대개 경기 이틀이나 사흘 전에 마무리된다. 일단 그것이 마무리되면 변경하기가 아주 어렵고 우리는 대개 그러지 않는다.

기량을 선보이는 시합이 있을 때마다 첫째 날 아침에 나는 유망 선수로부터 자기 플레이를 지켜봐달라고 요청하는 이메일을 받게 된다. 그건 당신의 결혼식 당일에 초대장을 보내는 것과 같다. 때로 나는 그러한 이메일을 둘째 날 아침에 받기도 한다. 어느 경우든 너무 늦다. 당신이 이미 우리의 기본 계획에 들어 있지 않다면 나는 시간을 내어 당신과 만나기 위해 여행 일정표 전체를 재조정하지 않을 것이다. 일을 미리미리 처리하도록 하라.

소속팀이 소개 책자를 코치들에게 나누어주는 경우에 경기장에서 다는 등번호가 책자에 나와 있는 번호와 일치해야 한다. 그리고 이메일 주소와 졸업 예정 연도가 기재되어 있고 제대로 기재되어 있어야 한다. 기량을 선보이는 시합에 맞춰 제때 교정하지 못한 오류가 소개 책자에 있다면 그러한 교정 사항을 열거하는 교정지를 재빨리 만들어 제공해야 한다.

비공식적인 방문을 하러 갈 때에는 제발 핸드폰 벨소리를 끄고 핸드폰을 주머니에 넣어라. 핸드폰을 차 안에 놔두면 더욱 좋다. 자제가 필요하다. 당신의 문자 메시지 또는 SNS를 체크하지 않은 채 6시간을 보낼 수 있는지 자신을 시험해보라. 그걸 타임머신을 타고 핸드폰이 없었던 1980년대의 초창기 시절로 되돌아가는 기회로 생각해도 좋을 것이다. 지원 선수가 점심시간에 자신의 핸드폰을 체크하는 것만큼 대학 코치에게 무례한 일은 거의 없다.

여담이지만 이는 당신이 새로운 누군가와 데이트를 시작할 때에도 꽤 좋은 태도인데, 그를 다시 만나길 원한다면 말이다.

소셜 미디어란 말이 나온 김에 말이지...코치들도 그걸 사용하는 방법을 알며, 선수 선발 과정이 시작될 때 우리가 당신이 온 세상이 보라고 거기에 내놓은 모든 내용을 체크하리란 점을 알아야 한다. 대학 선수는 자신에 국한하지 않고 훨씬 더 많은 것에 대해 표현한다. 우리 선수들은 자신의 팀 동료, 코치 및 대학에 대해 말한다. 우리는 우리에게 잘 표현하는 선수들만 선발한다는 점을 명심하라. 정말이지 당신은 깨어 있을 때의 생각을 일일이 세상에 공개할 필요는 없으며, 특히 그러한 생각이 음란하거나 야한 것으로 분류될 수 있을 경우에 그렇다. 당신이 소셜 미디어 위험인물이라면 또한 성격적 위험인물이기도 하며, 그런 선수는 우리 팀에 필요한 유형의 사람이 아니다.

선수 선발 과정에서 당신의 첫째 목적은 자신을 실격시키지 않는 것이다. 우리가 선수 명단의 한 자리를 채우기 위해 여러 유망 선수 가운데 하나를 결정하려 할 때 소셜 미디어 자살을 범하는 선수들이 있으면 우리의 결정은 한층 더 쉬워진다. 나는 소셜 미디어가 유망 선수의 명분을 정말로 도왔는지는 모르나, 그로 인해 피해를 본 유망 선수가 많으므로 조심스럽게 진행하라. 당신이 대학 코치가 그것을 보길 원하지 않으면 게시하지 마라.

또한 요즘엔 모든 사람이 주머니에 카메라를 가지고 있다는 점을 기억할 필요가 있다. 당신의 사진이 자신을 잘 대변해주지 못할 상황들을 피하도록 하라.

요컨대 선수 선발 과정에서는 자신의 가장 좋은 부분을 드러내 보여야 한다. 공손하고 조리 있으며 전문가다워야 한다. 당신만이 대학을 결정하는 것이 아니라 대학도 당신을 결정한다는 점을 명심하라.

코치들을 위한 한마디

물론 당신이 십대 선수들의 행동을 통제할 수는 없겠지만, 하루를 할애해 선수 선발에 관한 강의를 해주면 그들이 그러한 과정을 밟는 데 도움이 될 것이다. 나는 유망 선수가 3학년 말이 될 때까지 그런 과정에 들어가지 않는 가족들이 얼마나 많은지 놀랄 따름이다. 그들에게 우리 대학 팀의 선수 명단은 이미 차 있다고 말하기란 가슴 아프다. 내가 그들에게 우리는 2년 내지 3년 앞서 선수를 선발한다고 말하면 그들은 이구동성으로 "우린 전혀 몰랐어요. 아무도 그걸 우리에게 말해준 적이 없어요"라고 말한다. 당신의 유망 선수들에게 어느 정도의 정보를 제공해 최소한 한 번 싸워볼 기회라도 주어야 한다.

맺음말

내가 『축구 지능』을 저술한 동기는 주로 이기적인 이유들에서인데, 그 중 정확히 두 가지는 다음과 같다. 첫째, '책을 저술하고 출간하는 것'은 오래 전부터 내 버킷 리스트(죽기 전에 꼭 해보고 싶은 일들을 적은 목록)의 하나였다. 나는 내 자취를 남기는 뭔가를 만들길 원했으며, 내 딸이 자기 아빠를 자랑스럽게 여기도록 하길 원했다. 둘째, 나는 그간 쌓인 생각들을 표출할 배출구가 필요했다. 나는 지난 20년 동안 축구 선수들이 되풀이해서 실수를 범하는 모습을 지켜봐왔는데, 그러한 실수에 대한 생각들 말이다. 나는 내가 현재의 선수들에게 책을 하나 써준다면 그들이 그런 실수를 범할 가능성이 줄어들 것이고 그러면 내가 축구장에 가서 그들의 플레이를 지켜볼 때 좌절감을 덜 느낄 것이라고 판단했다.

이와 같은 나의 목적을 성취하는 데에는 대략 750달러의 비용이 들었다. 나는 내 돈을 그저 회수하는 정도만 된다면 책을 저술한 구상은 성공한 셈이라고 판단했다. 나는 결코 『축구 지능』에 대한 대중의 반응을 기대하지 않았다.

솔직히 말해 나는 그 책이 아마존에서 어떻게 팔리고 있는지에 정말로 그다지 주의를 기울이지 않았다. 나는 그 책이 한 달에 20부나 30부 정도 팔리고 있다는 점은 알았다. 그러한 판매 부수는 아마도 존 그리샴(John Grisham) 같은 베스트셀러 작가가 부럽지 않은 수준이었으나, 나는 누군가가 내가 저술한 뭔가를 읽기 위해 10달러를 쓴다는 점 자체가 기뻤다.

그런데 10월에 뭔가 꽤 놀라운 일이 벌어졌다. 미국축구코치협회(NSCAA) 축구 저널의 편집인인 제이 마틴(Jay Martin) 박사가 『축구 지능』을 올해의 톱 5 서적으로 올리자 갑자기 모든 상황이 날개를 단 듯했다. 11월 18일에 나는 아마존에서 그 책의 판매 순위를 체크해보기로 했는데, 그러한 체크를 해본 것은 책이 출간된 이래 16개월 사이 두 번뿐이었다. 판매 부수를 살펴보았을 때 나는 거의 기절할 뻔했다. 『축구 지능』이 아마존에서 베스트셀러 축구 서적이 되었다는 점을 알고는 어안이 벙벙했다. 가만있자, 뭐라고?

한층 더 어리둥절하게 하였던 것은 2위와 3위 자리를 차지한 인물을 본 것이었다. 미아 햄과 리오넬 메시! 여러분도 물론 그들의 이름을 들어보았을 것이다. 도대체 어찌 된 거야! 내가 전설들과 어깨를 나란히 하고 있다니! 나는 분명히 그들 중 하나가 아니었으나, 세상에 이런 일이! 말도 안 되지 않는가?

물론 출중한 출판사를 우연히 만난 것도 황송스러운 일이었지만, 내가 느낀 가장 진정한 감동은 그 책의 가치를 인정하고 내게 코멘트를 해줄 정도로 연대감을 느낀 독자들로부터 왔다. 그들의 친절한 말은 내가 결코 기대하지 않았던 성취감을 내게 안겼다. 나는 자기 팀의 모든 선수를 위해 책을 주문할 정도로 『축구 지능』을 즐긴 코치들에게 특히 겸허한 마음이 들었다. 여러분도 이 책이 상당한 도움이 되었길 바란다.

나는 『축구 지능』에 대해 훌륭한 피드백을 많이 받았으나, 내가 가장 좋아하는 반응은 다음과 같은 글을 남긴 한 남자 축구 코치로부터 왔다: "댄, 어떻게 하면 가장 빨리 당신의 책 30부를 받아 볼 수 있습니까? 저는 그 책을 정말 즐기면서 읽었기에 내 선수들에게 가능한 한 빨리 읽히도록 해야 합니다."

대학 코치들이 모두 그처럼 다정다감하면 아주 좋지 않겠는가?

어쨌든 읽어줘 감사드린다. 이번 책은 아마도 『축구 지능』 시리즈의 마지막 편이 될 것이다. 나는 어느 모로 보나 제1편만큼이나 가치 있는 작품을 출간하기 위해 최선을 다했다. 당신이 내가 저술한 뭔가를 읽기 위해 돈을 지불하게 된다면 나는 그에 대해 깨끗한 양심을 가지길 원한다. 나는 당신이 보기에 내가 나의 목적을 달성하였다고 생각하길 바라고 당신이 돈을 지불할 만한 가치가 있었다는 기분이 들길 바란다.

나는 당신의 피드백을 환영한다. 간단하게 coach@soccerpoet.com으로 내게 메모를 보내면 된다.

나는 당신이 www.soccerpoet.com에서 내 블로그를 읽고 나의 트위터(@soccerpoet) 친구가 되길 바란다.

당신이 『축구 지능 2』에 돈을 지불할 만한 가치가 있었다는 기분이 든다면 30초의 시간을 내어 아마존에서 내게 별 다섯 개 리뷰를 남겨주길 부탁한다. 그건 아마도 당신이 저자에게 줄 수 있는 최고의 선물일 것이다. 미리 감사를 표한다.

당신의 모든 팀 동료가 이 책을 읽으면 아주 좋지 않겠는가? 당신이 팀을 위해 이 책의 페이퍼백 판을 일괄 주문하고 싶으면 coach@soccerpoet.com으로 내게 이메일을 보내길 부탁한다.

댄 블랭크의 기타 저서

『축구 지능(Soccer iQ)』: 아마존 베스트셀러이자 NSCAA 축구 저널 선정 올해의 톱 5 서적. 페이퍼백과 킨들 책(Kindle, 아마존의 전자책)으로 시판.

『행복한 발 – 축구 선수에게 최고의 부모가 되는 비법(코치, 심판과 당신의 아이가 당신이 알길 원하는 모든 것)[HAPPY FEET – How to Be a Gold Star Soccer Parent(Everything the Coach, the Ref and Your Kid Want You to Know)]』: 당신이 축구 선수의 부모에게 줄 수 있는 최고의 선물! 이 책에는 무료 비디오가 포함되어 있어 어드밴티지 룰, 오프사이드, 축구 시스템과 콤비네이션 플레이 같이 축구에서 이해하기 힘든 몇몇 개념들을 설명한다. 또한 축구 선수의 부모들이 의도는 좋지만 깨닫지 조차 못한 채 범하는 가장 흔한 실수들도 설명한다.

『여자 선수에게 코치가 절대로 가르쳐주지 않는 모든 것(Everything Your Coach Never Told You Because You're a Girl)』: 이는 당신이 남자 선수라면 코치가 당신에게 말해주었을 내용으로, 기대를 상회하는 많은 경기에서 승리한 한 소규모 대학 팀에 관한 이야기를 통해 말해준다. 이 책은 가장 경쟁력 있는 여자 선수들이 구비한 자질들을 이해하기 쉽게 살펴본다.

『신인선수 – 대학 축구의 1학년에서 살아남기(ROOKIE – Surviving Your Freshman Year of College Soccer)』: 곧 혹독한 대학 축구를 맞이할 선수들을 위한 생존 지침서.